中国人は「反日」なのか

中国在住日本人が見た
市井の人びと

松本忠之

コモンズ

はじめに

中国に住んで一〇年が経った。

最初に住んだのは一九九八年。中国語を学ぶために、湖北省《フーペイ》の武漢《ウーハン》大学に一年間留学した。その後、二〇〇四年から現在に至るまで、中国で働いている。その間、蘇州《スーチョウ》、上海、珠海《ジュハイ》、深圳《シェンチェン》など複数の都市に居住した。留学したのは、香港返還の直後とマカオ返還の直前である。圧倒的なスピードで世界第二位の経済大国となりゆく二一世紀の初頭期を中国で生活したわけだ。

この間、何回となく起こった日本と中国の間の緊張状態を中国現地で経験し、そのたびに同じことを感じた。それは、なぜ、ここまで日中間で諸問題に対する認識や国民感情がすれ違うのかということである。

そして二〇一二年。いわゆる尖閣諸島問題(中国語では钓鱼岛《ディアオユイダオ》问题)をきっかけに、日中関係は近年に例を見ないほどの緊迫状態となる。そこで、日中双方を知る者として、双方の言語を理解できる者として、日中間に横たわる障壁について取材し、その真相に迫りたいと思った。その障壁こそ、本書のテーマである「反日」だ。

「反日」だから、当然、中国側からの目線である。しかし、現代中国人の目線からだけ見た「反日」ではなく、日本によって「侵略された側」の目線を意識した。なぜなら、現代日本は「侵略した側」としての意識が極端に欠如しているからである。

日中関係は確実に新たな時代に突入している。竹のカーテン、文化大革命、改革開放、天安門事件、鄧小平《ダンシャオピン》の逝去などを経て、中国経済はバブル期を迎え、ＩＴ革命という世界的潮流の後押しを受けて、世界第二位の経済大国になった。さらに、二〇〇八年に北京オリンピック、二〇一〇年には上海万博が開催され、中国国民の意識も確実に変わっている。そうしたなかで、いったいどれだけの日本人が正確に「現在の中国」を把握できているだろうか。どれだけの日本人が「過去の日本」を正確に認識しているだろうか。

今回、多くの中国人に「反日」について取材した。あわせて、中国人の日本観に大きく影響している教育、世代、メディアについても取材と検証を行った。質問に答えてくれた中国の友人たちの話は、どれもが示唆に富んでいる。そして、深く考えさせられた。それらは個性にあふれていると同時に、根底では共通している。よくも悪くも、現代中国人の日本に対する認識や感情には共通点がある。それを紐解くことで、教育、世代、メディアという巨視的な視点から、市井のミクロの目線まで、深く理解できると確信している。

もくじ●中国人は「反日」なのか

第1章　反日感情

一部の暴徒化した反日デモ参加者に横転させられた日本車（出典：家装設计网）

北京首都国際空港にて

二〇一二年一〇月一四日。私は中国の首都・北京にいた。

私に与えられた任務は通訳。それも、それまでに経験したことのない格闘技業界の通訳だ。

この年、日本のある格闘技団体が中国進出を本格化させていた。上海に現地法人を設立し、中国で格闘技ビジネスを広げるかたわら、中国人選手を日本の興行試合に出場させながら育成していく方針だという。その第一段階として、北京に拠点を置く中国最大の格闘技団体の社長と選手を日本に招聘した。日本で行われている興行がどのようなものか、中国側に視察させるのが目的である。

私は出発地である北京首都国際空港から彼ら二名に同行し、日本でのスケジュールを終えて、中国へ帰国する関西国際空港での見送りまで、全日程にわたって通訳を担当する。

出発直前の空港で、北京の格闘技団体の周国俊《チョウグオチュン》社長が念を押すように私に言った。

「日本でのメディア対応は、しっかりできていますね」

実はこの視察、一度は中止になりかけた。中国側が、この時期に日本に行くのはよくないと渋り始めたからだ。

周社長はその一例として、中国の有名女子テニスプレーヤー李娜《リーナ》の名前をあげた。彼女が九月に日本で開催されたテニスの国際大会に出場したことで、帰国後、どれだけメディアと国民からバッシングされたかを語ったのだ。そして、自分の団体と所属選手を同じ目に遭わせたくないと言った。

しかし、日本側も引かなかった。このタイミングを逃すと、次がいつになるのか、まったく先行きが不透明だったからである。

そこで双方が話し合った結果、二つの条件付きで実現の運びとなった。まず、視察には行くが、ごく一部の関係者以外には知らせない。また、日本のメディアに対して、取材はおろか、視察に来ている事実すら絶対に伝えない。

当初は、日本のメディアの取材を受け、視察予定の興行試合では、中国人選手をリングに上げて観客に紹介し、来たる日本でのデビュー戦に向けて大々的にPRするというプランであった。だが、尖閣諸島問題の勃発によって警戒心を増した中国側の強い要望を受け、迅速な中国進出を図るために日本側が柔軟な姿勢を取ったのだ。

周社長の私への念押しは、この二つの条件の最終確認だった。

〈日本では一切、メディア対応はしない。そもそも、ごく一部の限られた関係者にしか訪日の件は伝えていないのだから、記者が寄ってくることはありえないはずだ。空港や試

合会場で勝手に写真を撮られたり記事にされたりといった事態が絶対に起きないよう、日本側はきちんと対応できていますね〉

「大丈夫です。しっかりと対応できています」

私がそう答えると、硬い表情を崩さなかった周社長はようやく微笑みを浮かべ、おもむろに聞いてきた。

「熱干麺《ルーカンミエン》、好きですか？」

熱干麺とは武漢市の名物で、汁なしの麺に、胡麻だれやザーサイ、ねぎ、胡椒などを混ぜ合わせて食べる麺料理である。これは、明らかに武漢で生活した経験のある者にしかわからない話題だ。

私は驚いて聞いた。

「熱干麺、ご存知なんですね？」

すると、周社長は得意気に言った。

「私は武漢体育学院で武術を修めたので」

それまで、訪日の件でとかく緊張状態にあった私と周社長の距離は、この短い会話で一気に縮まる。

武漢体育学院と武漢大学は、「お隣さん」という感覚の近さにある。私が武漢大学に留

武漢大学の正門

学していたことを知った周社長が、当地の名物を話題にして、二人が非常に近い大学で過ごした経験があることを知らせたのだ。ウィットに富んだ、いかにも周社長らしい会話だった。これから「渦中の日本」へ向かおうとしていた緊張感あふれる北京首都国際空港で、私が肩の力を抜くことができた瞬間だった。

　われわれを乗せた飛行機は北京を飛び立ち、東京へ向かった。揺れる日中関係の真最中の訪日である。

中国人が心配する中国人の反日

　周社長が例にあげた李娜は、日本での大会に参戦後に帰国すると、多くのメディアや国民から「売国奴」「非国民」と罵られた。

　二〇一二年九月。

　中国では、満州事変が勃発した「九・一八」を目前に、全国各地で反日デモが起きた。

同年の日本政府による「尖閣諸島の国有化」が原因である。

激化する一方の反日デモに、中国に住む多くの日本人は身の危険を覚え、外出を控えたり、街では日本語を話さないなどして対応した。日本人社員に自宅勤務を命ずる企業や、日本への一時帰国を命じた企業すらあったほどだ。北京や上海などの大都市では、中国人から暴行を受けた日本人もいる。

さらに、こうした中国国内での反日デモの模様が、連日、日本のニュース番組で報道された結果、日本国民の間に、「中国って恐い」「中国人って野蛮」という不安感や恐怖感が増大していく。実際、私を含む多くの在中日本人が、日本にいる家族や親戚、友人・知人から、「心配している」という連絡を受けている。帰国を促された人もいた。

それに比べると、日本国内では、尖閣諸島問題に対する報道は連日あったものの、国民が「反中デモ」を起こしたり、在日中国人が批判の矢面に立たされたりすることはほとんどなかった。だから、周社長の心配は杞憂に思える節もあった。実際、日本側は訪日中止を模索する周社長に対して、何度もこう説明し、訪日を促したのだ。

「中国では反日デモが激化していますが、日本国内では反中デモは起きていませんし、中国人に対して危害を加えるということはありません」

だが、周社長の心配は、自分が日本を訪問したときの身の危険ではなく、日本から帰国した後の危険であった。つまり、李娜の例である。中国人の周社長が心配していたのは、日本における反中ではなく、ほかならぬ中国人による反日だった。

「反日」は感情である

では、ニュースでもよく見かける「反日」とは、いったい何であろうか。

その答えは「感情」である。中国語には、「反日」という二文字の単語はない。あるとしたら「抗日」だが、これは過去の抗日戦争を指す場合が多い。一方、中国語には「反日情緒」というフレーズが存在する。そして、このフレーズはよく使われる。

ここでまず強調しておきたいのは、「反日」は決して「思想」ではないということだ。中国人の反日を漠然と思想的なものとして捉えている日本人が多い。基本的に、中国人は日本(人)が嫌いだと考えている日本人が多いのではないだろうか。

もし「反日」が「思想」ならば、日中関係は現在の状態ではありえない。思想は行動の規範となる。単なる感情ではないゆえに、思想には価値が付随する。それが民族的あるいはナショナリズム的な思想であった場合、人間に非常に強烈な帰属意識と同族意識をもたらす。そうした思想の違いによる紛争は、過去の人類の歴史において、いくらでも例をあげられる。

ゆえに、「反日」が「思想」であるならば、中国は日本と国交を結ばないであろう。あるいは、国交は結んでも、経済においてこれだけの交流を持とうとはしないだろう。だから、「反日」は決して「思想」ではない。「感情」である。「感情」はコントロールが利く。「感情」のままに行動するのではなく、時と場所と状況を考えて感情をコントロールしながら生きるのが、おとなの良識である。それは、もちろん中国でも同じだ。つまり、中国人の「反日」は、コントロール可能であり、さらに言えばコントロールすべきものなのである。

ただし、感情であるがゆえに周社長は恐怖を感じていた。以下は帰国後、周社長に取材したときの、彼の葛藤である。

〈自分にとって、日本は過去に自国を侵略した国ではあるものの、現在は格闘技ビジネスの重要なマーケットであり、パートナーでもある。だから、とても重視している。中国全体が反日で統一されているように受けとめられるが、決してそうではない。なかには、自分のように冷静に対処している中国人もいる〉

それでも、反日感情を爆発させる同胞を否定するつもりはないし、非難するつもりもない。なぜなら、もしかしたら感情を爆発させている人たちのなかには、自分の祖先や家族を日本軍に殺された人がいるかもしれないからだ。そういう人たちの無念さは、経験していない自分にはわからない。だから、安易にそういう人たちを非難できない。

もちろん、暴力はよくないし、器物を損壊するのもダメだ。あくまで、法律と常識の範囲内でデモ行進を行わなくてはいけない。しかし、デモそのものは自由であり、禁止などできない。それは政府も同じであろう。自分の肉親を日本軍に殺された庶民の感情表現の場を、国として規制するのは難しい。禁止したら、政府はどっちの味方なのだ？　となってしまうし、人民の反発を招くのは必至だからだ。

重要なビジネスパートナーである日本。感情を爆発させる同胞。周社長はこの間で板ばさみになっていた。

〈せっかく日本のマーケットに選手を送り出せるチャンスが来たのだ。実業家としては、ぜひともこのプロジェクトを進めたい。だが、有名女子テニス選手のように、自分も会社も選手も「非国民」扱いされる恐れがある。だから慎重にならざるを得ない〉

幸い、日本側が誠意ある素晴らしい対応をしたおかげで、何事もなく訪日スケジュールをこなすことができた。リスクを背負って訪日したがゆえに、その成果も非常に大きかったのだ。周社長とともに訪日した選手は翌二〇一三年二月、東京の試合で日本デビューを果たした。視察からわずか四カ月後のスピードデビューである。あのとき、リスクを負って訪問したからこそ得られたリターンだった。

2012年9月18日に北京で行われた「反日デモ」。写真奥のプラカードには「わが中華を辱めた　必ず殺してやる」と書かれている。

「反日デモ」は感情表現である

「反日」が感情なら、「反日デモ」は感情表現である。

日中関係が悪化するたびに起こる「反日デモ」。日本で「反日デモ」のニュースを映像で見ていると、そのあまりの過激さに、国家規模の騒ぎのように映る。それゆえ、「反日」そのものが中国人の思想であるかのように受け取られがちだ。

だが、決してそうではない。もちろん、反日を思想としている中国人もいるだろう。しかし、それは主流ではない。日本にはいまでも右翼団体が存在するが、右翼は日本の多数派でもなければ主流でもない。それと同じことである。

実は感情表現あるいは自己主張という点で、日本人と中国人の間には大きな差異がある。日本人は、自己主張をあまりしない。中国人は、自己主張をよくする。控えめで、波風立てず、周囲の空気を常に読んで、それによって発言するかどうかを決める日本人は、中国人からすればおとなしすぎるのだ。これは感情表現についても変わらない。

もともと感情表現や自己主張が豊富な中国人が「反日デモ」を行うのは、そういう意味ではきわめて正常なのである。一方、感情表現も自己主張も控えめな日本人は、それらが自身に向けられることにも非常に不慣れだ。互いにできるだけ自己主張しない社会で生活しているのだから、それも仕方がない。だから、日本人がテレビ画面をとおして「反日デモ」を見るとき、恐怖や不安を感じることも、実はとても正常なのである。

メディアでも日常会話でもそうだが、日本語の「反日」というフレーズには「中国は日本を敵対視している」というニュアンスが含まれている。とくに、日本のメディアがテレビや新聞、インターネットなどで中国の「反日」を取り上げるとき、あたかも中国が国家規模で「日本敵視政策」を行っているようなニュアンスさえ含まれている。だが、実際に日本を敵視している中国人などほとんど存在しない。それを証明するいくつかの証言を紹介しよう。

二人の証言

以下は、上海にある日系企業に勤める楊春華《ヤンチュンホア》さん(女性・三二歳)の証言である。

「デモを行うのは一部の人だけです。それがクローズアップされて、いかにも中国人全員が彼らと同じであるかのように見られてしまっている。でも、そんなことはない。デモをする権利はあるのだから、自由にやればいい。だけど、日本人を恨んだり敵視したりするのは筋が違う。だいいち、いまのデモは釣魚島(尖閣諸島)問題でしょう? あの島は中国のものだっていう主張ですよ。別に日本人が憎くてデモをしているわけではない」

楊さんの何気ない言葉のなかに、実は重要な要素が隠れている。いまのデモはあくまで領土問題における主張をしているのであって、日本憎悪で行っているわけではないという視点だ。

たしかに、釣魚島問題のデモが一人歩きして、いつしか「日本憎悪デモ」になってしまっている感はある。ただし、それには理由がある。九月一八日をまたいだからだ。その点を楊さんに伝えると、彼女はこう答えた。

「九・一八に反日感情が高まるのは毎年のこと。過去の悲惨な戦争の歴史を忘れないために、それは必要です。日本でも、原爆の日にはいまでもお祈りをするでしょう(黙禱のことを指している)? 同じことです。中国は侵略されて、日本軍に多くの人を殺された。日本軍はひどいことをした。それは事実。でも、中国人は未来を見ている。過去を忘れずに、未来に向かう姿勢がある。

今年は、たまたまこの九・一八の時期に、釣魚島問題が重なった。だから、領土問題のデモがいつしか日本そのものへのバッシングに変わったのだと思う。それでも、ごく一部の人間がやっているということに変わりはない。デモをしていない中国人のほうが多いという当たり前の事実に目を向けるべき。なにせ、中国人は一三億人以上もいるんだから(笑)。領土問題と過去の歴史とを結び付けてデモをしている人たちは、きわめて一部で、他はとても冷静だっていうことを、日本人に知ってほしいですね」

また、南京に生まれ育った江偉博《ジャンウェイボー》さん(男性・三〇歳)はこう語る。南京といえば、南京大虐殺が起こった舞台であり、中国のなかでも反日感情が根強い地域である。

「南京市民が日本に対してよくない感情を持つのは当然です。だって、虐殺が起こったんですよ。自分の故郷で過去に虐殺で数十万人もが殺されたのに、時代が過ぎたからといって、それをすっかり忘れてしまうほど中国人は無神経な民族じゃないですよ。でも、私のような新しい世代にとっては、過去の出来事だっていう感覚もあるんです。大事なのは未来でしょう？　南京市民は過去の歴史を決して忘れはしないけど、だからといってそれをいつまでも引きずって前に進まないというわけでもない。

それに、いまの若者にとっては、反日デモよりもスマートフォンや新車のほうに興味がある(笑)。いい仕事を見つけて、お金を稼いで、家を買って、車を所有して、恋人を見つけて、結婚して……。そっちのほうが現実的でしょう。反日デモの参加者は、ごく一部の、ただ騒ぎたいだけの人が大部分なんじゃないかな。それにデモに行った人たちも、次の日にはもう日常生活に追われているはずですよ」

この二人の証言には二つの共通点がある。

①反日デモの参加者はごく一部の限られた人たちである

②そういう人たちと比較して、自分は冷静である

取材をしていて、②の自分は冷静であるという主張のなかに、「だから、あの人たちと一緒にしないでほしい」というニュアンスが含まれているように感じられた。

そこで、意地が悪いと自覚しつつも、こんな質問を二人に投げかけてみた。

「じゃあ、あなたは反日デモに参加する人たちは理性が足りないと感じますか?」

二人の答えは、もちろん「ノー」。即座に否定した。同時に、興奮が過ぎて物を壊したり、暴力を振ったりする人に関しては、理性が足りないと言うのも共通していた。周社長とまったく同じ回答である。つまり、日本軍に家族を殺されたという過去がある人たちなら、反日感情を高揚させてデモを行うのも無理はない。しかし、暴力や器物損壊はダメ

だ、と。

問題は、これらの人たちに代表される「大部分の中国人」たちの反日デモに対する姿勢や感覚が日本に伝わっていないことだ。日本に伝わっているのは、デモで激しく叫んだり、興奮して器物を破壊したり、領土所有を声高に主張する過激な中国人たちの姿のみである。そこしか報道されないがゆえに、中国人全体がそういう人たちであるというイメージが一人歩きしてしまっている。

日本で報じられているデモ隊のニュースは事実である。虚偽ではない。ただし、それがきわめてごく一部でしかないということを、日本のメディアは報じない。その意味で、客観性と公平性は甚だしく欠如している。報道のあり方と報道を見る側。反日はそのどちらの姿勢も問われるニュースなのである。

日本製品不買運動

中国で反日感情が高まったときに起こる出来事として、デモと並んで多いのが、「日本製品不買運動」である。

「皮肉なことに、日本製品を買わないことが日本にダメージを与える。それくらい、中国には日本製品があふれている」

そう語るのは顧文康《グーウェンカン》さん(男性・四七歳)。顧さんは蘇州でタクシードライバーをしている。蘇州は二〇一二年の反日デモの際、被害が大きかった都市のひとつである。

「家具でも家電製品でも車でも、なんでもいい。日本製品をひとつも持ってない中国人がいったいどれだけいる?」

顧さんは、そう言いながら笑った。

「それだけ日本製品が中国にあふれているってことさ。日本にとっては中国で物が売れるし、中国にとっても日本製は品質がいいから欲しい。どちらにとっても必要なんだ」

だからこそ、反日感情の高まりによる両国の争いは不毛だと顧さんは語る。

「何ひとつ、いいことなんかない。中国人が不買運動を起こしたことで、日本企業の中国における売り上げはどれくらい落ちたんだ? じゃ他の国の製品にしようって言ったって、中国製品はまだまだ日本製に追いついてないし、韓国製や欧米製もあるけど、やっぱり日本製が圧倒的に優れている分野っていうのはあるんだ。自動車とか家電とかね。自動車や家電は長く使うものだろう? それなら、やっぱり品質のいい日本製品が欲しいものさ。いまみたいに不買運動が起こっているときは買うことがためらわれるけど、本音の部分では、長く使うものならやっぱり日本製がいいと思っている中国人はいっぱいいるはずだ。不買運動なんてなきゃ、迷わず日本製を選ぶっていう中国人はいっぱいいるよ。不買運動をやって日本企業にダメージを与えようっていう考えは、つまりは、それだけ中国人は日本製品を買っているってことさ。皮肉なことだけどね」

また、北京で日系企業の運転手をしている姜会才《ジャンホエツァイ》さん（男性・五二歳）はこう語る。

「山東省《シャントン》では、青島《チンタオ》市にあるパナソニックの工場がデモ隊によって破壊されたらしいね。まったくひどい話だよ」

姜さんも御多分にもれず、デモを行うのは自由だが、暴力と器物損壊はいけないと語る。

「たとえば、うちの会社の工場がデモ隊によって破壊されたとするね。それに加えて、不買運動が起こって製品が売れなくなるとする。その影響で業績が下がって、会社がリストラしたり、最悪は倒産したりしたとして、一番困るのは誰だと思う？　中国人さ。そこで働いている中国人社員だよ。つまり、同胞が被害を受けるってことさ」

私が深くうなずくと、姜さんはさらに続ける。

「パナソニックで働く中国人社員にも、家族がいるのさ。家や自動車を買って毎月ローンを支払っている社員もいれば、子どもがまだ小さくて、これから高額の教育費を払っていかなければいけない社員もいるはずだ。彼らからしてみれば、反日感情は理解できるけど、職場を破壊されたり、不買運動で売り上げが減ったりして先行きが不安になるのは、受け入れがたいと思うよ。だから、日本と中国が争ったって何のメリットもない」

この二人の証言からわかるのは、二人とも個人に目を向けていることだ。国という視点で見ると、政治の次元でもめている。最近で言えば領土問題だ。だが、それらはあくまで政治次元の問題であって、一般市民は関係ないと二人は言う。その説明として、二人とも一般市民の目線からの話を持ち出した。たしかに、個人の次元から見れば、度の過ぎた行為がいかに愚かであるかがよくわかる。とくに、姜さんの「日系企業を破壊しても最終的に被害を受けるのは同胞である」という話は納得できる。

同時に、この二人の証言からは中国人民の本音も見えてくる。日中が争っても何もいいことはないという部分である。だから、反日感情は正常な範囲内でのデモ行為だけで収めておくべきだ。そうしているかぎり、双方に大きなマイナスはない。実は、これこそが大多数の中国人の本音である。

メディアが報じない「反日デモ反対デモ」

二〇一二年九月一八日、中国南方の最大の都市で、広東省の省都でもある広州《コワンチョウ》市で、反日デモが勃発する。デモ隊は、駐広州日本総領事館のある広州花園《ホアンエン》ホテル周辺に集まった。大都市の、しかも日本領事館がある都市でデモが起こったのだから、マスコミも当

広州市で行われた「反日デモ反対デモ」（出典：百度）

然これを報じた。花園ホテル周辺には厳戒態勢が敷かれ、緊張感が高まったという。大学の後輩が駐広州日本領事館で働いているので、私は彼女にデモ時の様子を聞いてみた。

「デモ隊がデモを行っている最中に外に出なければ、とくに危険はありませんでしたが、デモは一日だけでなく、何日かあったので、そのたびに緊張感が高まり、外に出られなくなるので、大変でした」

そんな広州での反日デモの最中、日本でも中国でも報道されなかった、あるデモ隊の姿があった。それが上の写真なのだが、見ると若者が多い。そして、どこか様子が違う。日本のメディアが報じる過激で緊張感のあるデモ隊の雰囲気とは何かが違う。その原因は、このデモ隊が手にしているプラカードにあった。たとえば、写真の中央に立っている女性が持っているプラカードには、このように書いてある。

「理性愛国　反対暴力」（理性的な愛国を。暴力には反対）

また、写真の画素数の関係ではっきりと文字が見えないのが残念だが、「破壊行為をするものは愛国者にあらず」という趣旨の文字もある。

そう。このデモ隊は「反日デモ反対デモ」なのである。しかも、単に過激な反日デモに反対するだけでなく、「理性的なデモ」を実践すべく、「反日デモ隊」がデモを終えて去ったあと、同地でごみ拾いをしてから解散したという。

この「反日デモ反対デモ」を撮影した写真は、「中国版ツイッター」と呼ばれる「新浪《シンラン》微博《ウェイボー》」で次々に取り上げられ、やがて中国に住む日本人にも転送され、日本にも広まっていった。この写真を新浪微博にアップした中国人ユーザーは、「この国の将来にもまだ希望がある」とのコメントをつけたそうだ。

こういうことは決して大きなメディアでは報道されない。それは、日本でも中国でも同じである。しかし、この「反日デモ反対デモ隊」が掲げる「理性愛国　反対暴力」のスローガンは、大多数の中国人の意見を代弁している。それは、先述した証言を見ても明らかである。

後にわかったことだが、この「反日デモ反対デモ」の参加者のなかには、中国の著名なロックミュージシャンがいたという。彼の呼びかけに応じて、広州に住む音楽仲間などが中心となって集まったそうだ。文化の力は国家や民族のイデオロギーを超える。

中国国内ではいまだに、反体制の歌は正式なルートでは販売できない。それでも、こうした行動でミュージシャンとしての主張を示すことができる。さらに、通信技術の発達により、こういう行動を広く世の中に示していくこともできるようになった。たとえマスメディアが報じなくとも、現代においてはインターネットでメッセージが伝わっていくという実例を見る思いがした。

私の二〇一二年九月一八日

ここで、私自身が経験した出来事を紹介したい。

広州のデモがあった二〇一二年の九月は中国国内の反日デモがもっとも激化していた時期で、北京や上海をはじめ全国各地でデモが勃発した。なぜ九月なのかは、「九・一八事件」に由来する（詳細は第２章を参照）。

二〇一二年九月一八日、私は出張で北京にいた。この年は、中国にある日本大使館や各地総領事館が頻繁に、在中邦人に注意を呼びかけていた。大使館や領事館のサイトでは、断続的にデモの情報が更新されていた。たとえば、北京にある在中国日本大使館の公式サイト内にあった二〇一二年九月一八日のページを見てみよう。

「中国国内における抗議デモに関する注意喚起(九月一八日)

本日(一八日)も、在中国日本国大使館前では早朝より、抗議デモが行われております。すでにご案内しておりますとおり、当館の周辺は当局による交通規制が行われていることから、当館の窓口業務(旅券、証明及び査証業務)を休止させていただいております。また、抗議デモは終日行われると考えられますので、引き続き当館周辺には近づかないようお願いします。

また、北京以外の中国各地の都市でも、抗議デモが行われる旨ネット上等で呼びかけられておりますところ、中国に滞在中の皆様におかれましては、引き続き当館及び各総領事館より出される注意喚起にご注意頂き、慎重な行動をお願いいたします」

そして、大使館の連絡先、邦人保護の連絡先まで記載されていた。

私が宿泊していたのは北京市内の朝陽区《チャオヤン》。日系企業が集まっているビジネス地区だ。この地域でもデモがあるという情報が入っていたため、私は外出したくなかった。というより、そもそも、よりによって九月一八日に北京に出張に来たくはなかった。しかし、仕事なのだから、そんなことは言っていられない。

私は出張に来る前から、北京滞在中は仕事以外の外出は避け、外出した場合も街中では日本語を話さないようにしようと決めていた。幸い、私の場合、中国語だけ話していれば、日本人だと思われることは少ない。

九月一八日当日。外出したところ、一般市民からは殺伐とした雰囲気は感じられなかった。ある一定の緊張感は感じたが、それは決して日本人に向けられたものではない。過激なデモ隊に自分の店や家屋を壊されまいとする一般市民の緊張感である。

たとえば、私が泊まっていたホテルのすぐ近くにある日系のコンビニは営業を停止し、入り口には大きな中国国旗が掲げられていた。日系の会社や店は攻撃の対象にされやすい。それゆえ、デモ隊に店舗を破壊されないようにするための処置である。

ある宝石店は、店先のLEDスクリーンに次のような文字を表示させていた。

「釣魚島是中国的!(釣魚島は中国のもの)」

さらに別の個人商店は、入り口にこんな張り紙をしていた。

「九・一八。この日の屈辱を忘れない」

これらはすべてホテル周辺の店舗である。いずれも、日本に対して恨みをぶつけるというよりは、デモ隊から店舗を破壊されないための処置であることがうかがえる。そのためには、反日のメッセージや愛国の象徴を掲げる必要がある。それが国旗であり、LEDで

セブンイレブン(上)と宝石店(下)

あり、張り紙なのだ。それらの内容は日本人にも緊張感を与えるが、実は日本人に向けられているというよりは、デモ隊に向けられていた。

反日感情が最高潮に達した日に私が現地で感じたことは、日本で報道されているような緊張感ではなかった。むしろ、「デモ隊による被害をなんとか避けよう」とする、現地の中国人たちの努力である。

二〇一二年の九月といえば、上海でこんなこともあった。

九月三〇日の日曜日。私は数人の日本人と、上海市内でバーベキューをする予定であった。午前中、食料の買い出しのため、タクシーに乗ってスーパーマーケットに向かった。

「アイヤー。こりゃダメだ。通れない」

携帯に目を落としていた私は、タクシーの運転手があげた声で窓の外を見た。

タクシーが左折して、ある通りに入ろうとしたところ、物々しいバリケードが張り巡らされ、通行止めになっていた。バリケードは設置されたばかりのようだ。交差点には、まだ交通整備の警察官がいなかった。だから、タクシーの運転手も知らずに左折してしまったのだ。ちょうど駐上海日本総領事館の前を通過する通りであった。

タクシーの運転手はＵターンついでに、しばらく車を停車して、その風景を眺めていた。バリケードの奥に、デモ隊の姿が見える。デモ隊と対峙するように、武装警察隊が日

日本総領事館周辺のバリケード

本総領事館の壁を取り囲んでいた。

デモ隊のほとんどが、中国の赤い国旗を手にしていた。プラカードを持っている人もいる。距離があるので、プラカードに書かれている文字までは見えなかった。デモ行進は、まだ始まっていない。武装警察隊が構えているものの、それほどの緊張感は漂っていない。

私は時間を確認した。午前一〇時まであと一五分ほどある。おそらく、デモは一〇時から開始されるのであろう。その証拠に、デモ隊には新たな人員が次々に合流している。

驚いたのは、デモ隊に合流する人たちの緊張感のなさである。たとえば私が目にした二人組の若い女性は、国旗を手にしながら満面の笑みを浮かべ、楽しそうな表情だ。彼女たちから、「日本憎悪」の感情などは微塵も感じない。むしろ、ある種のイベン

笑顔で国旗を持つ若い女性たち

トに参加するような、楽しげな感覚が伝わってきた。この二人だけでなく、デモ隊に合流するメンバー(ほとんどが若者)からは、過去を振り返って日本を憎み、領土問題で国益が損なわれることに危機感を抱いているような雰囲気は、まったく感じられなかった。

もちろん、この時期に被害に遭った日本人がいることはニュースで知っている。しかし、それがこの時期の中国全土の雰囲気かというと、決してそうではない。むしろ、大部分の中国人は理性的で、冷静であった。残念なのは、その事実は日本で決して報じられないということだ。

「反日感情」を乗り越え「反ファシズム」へ

日中戦争で日本により徹底的に苦しめられた中国人に、日本(人)への怒りと憎悪の感情が生まれるのは当然である。だが、中国はただひたすら日本を憎んできたのではない。むしろ、平和と繁栄の実現に向けて、日本への憎しみを乗り越えようと中国人民に語りかけた指導者がいた。周恩来《ヂョウオンライ》である。彼の次の発言は非常に有名だ。

「日本の戦争責任はA級戦犯にあるのであって、民衆にはない。責任が日本の軍事指導者にあるならば、中国の民衆も日本の民衆も等しく被害者となる。軍部の独走によって、中国人民は一五年間も苦しんだ。しかし、同じように被害を受けた日本の民衆に、賠償請求はしない」

いわゆる戦後賠償の放棄を明言した発言だ。これは日本への賠償放棄宣言であると同時に、中国国内向けの発言でもある。

終戦直後、中国人民の日本への怒りと憎悪はとりわけ激しかった。一九五二年のハルビン(黒竜江《ヘイロンチャン》省)での反日デモは、その象徴である。ハルビン市が日本からスケート選手を招いて中日友好スケート大会を開こうとしていると聞きつけたハルビン市民が、自分たちを侵略した日本人を招待するなど言語道断と、激しいデモを行ったのだ。数日間にわたるデモを深刻に受けとめたハルビン市政府は、このまま大会を開いて日本人選手に対する暴力事件が起きたら大変だという理由で、招待計画そのものを中止した。周恩来は当然、この事件を知っていた。この事件が象徴する、中国人民の日本への憎悪も知っていた。そのうえで、長期的な展望に立ったとき、このまま日本を恨み続けているだけでは、中日間の明るい未来はなく、国際社会での中国の立場もないと判断。人民を説得し、日本への怒りを乗り越えていく必要性を訴えようとした。そこで出てきたのが前述の発言である。つまり、本当に憎むべきは一部の軍国主義者であり、日本の民衆は中国の民衆と同じく、軍国主義の被害者であるという視点だ。

周恩来は、この卓越した見識と説得力で、人民に日本への憎悪を乗り越えさせ、明るい未来へ向かって国の歩みを進めようとしたのである。もし戦後の賠償金を日本が支払わされていたら、日本はいまどうなっていただろうか。周恩来は、日本への賠償放棄とともに、中国人民に日本への憎悪を乗り越えさせるよう指導した。この二点において、日本は周恩来に救われている。

もちろん、周恩来がそう指導すれば、人民の日本憎悪がすっかりなくなる、などということはあり得ない。だが、この指導があったことにより、中国人は新たな視点を持つことができた。憎むべきはファシズムである。日本の民衆も同じ被害者である。

ここで、日本の中国に対する戦争謝罪についてもふれておきたい。周恩来の類稀なる人道的措置に、恩を仇で返すような低レベルの「謝罪不要論」が日本にはまだまだ根強く残っている。ひとつ例をあげよう。

Aさんは殺人事件の被害者となった。犯人は逮捕され、然るべき刑罰を受ける。出所後、犯人はAさんの遺族のもとへ謝罪に行った。しかし、Aさんの遺族は面会を拒絶。謝罪は実現しなかった。

年月が過ぎ、犯人は歳をとった。すでに高齢だ。いつこの世を去るかもわからない。そこで、犯人の長男が父親のために遺族に謝罪に行くことにした。父はたしかに殺人を犯してしまったが、せめて死ぬ前に、しっかりとAさんの遺族に謝罪したいという思いは変わっていない。だが、本人は足が悪く、とても長距離の移動はできない。だから、息子が謝りに行った。

このときは遺族との面会が許され、長男は遺族に自分の父の犯罪を詫びた。しかし、遺族はAさんが殺されたことを、心の中で整理できていない。謝罪に来られたことでむしろ当時の記憶がよみがえり、涙を流し、ついには彼を罵倒した。殺人犯は長男ではなく、その父親だとわかっていながら、やはりこらえ切れなかったのだ。

このとき、長男はどのような態度を示すべきなのだろうか。

Aさんが中国である。Aさんの遺族は現在の中国人。殺人犯は日本。長男は軍国日本の子孫、つまりわれわれである。

日本には、「いつまで謝罪を続けるんだ」という主張がある。また、「謝罪を続けるのは卑屈である」とか「中国は永遠に過去の歴史を持ち出して外交を優位に進めようとしている。だから謝罪する必要はない」という主張も根強くある。「もう昔のことなんだから、いいじゃないか」と、いわゆる水に流すべきだと考える人も多い。

では、先ほどの例で、そうした態度を取ったらどうなるだろうか。

長男がＡさんの遺族に向かって、

「もういいじゃないですか。昔の話ですから」

「あれは私の父親がやったことですので。私は知りませんね」

長男がＡさんの遺族に、面と向かってそう言えるだろうか。また、そう言うことが人道的に正しいだろうか。

周恩来が「反日」を乗り越えて「反ファシズム」へと人民を導いたにもかかわらず、中国に根強く「反日」が残るのは、そこに具体性があるからだ。抽象的な記憶はすぐに風化する。だが、具体性があれば継続されていく。

中国にとっての「ファシズム」は、日本軍によって人民が数千万人も殺された、あるいは、家族、夫、妻、恋人、親戚、友人、知人が殺されたという、具体性を伴っている。日本への憎悪を乗り越えて、「反ファシズム」思想で未来へ進もうと頭では理解しても、家族を無残にも殺されたという感情は消えない。いや、消えなくて当たり前だ。それが、つまり「反日感情」なのである。

基本的に理性的な中国人は、真に反対すべきものはファシズムであり、中国と日本の民衆が手を取り合って友好的な関係を築くべきだということを理解している。ただし、それでも、どうしてもぬぐいきれない感情が「反日感情」である。その感情が簡単に消えることはない。

中国人の「反日」を理解するうえで重要なのは、この点にほかならない。それは、自分の肉親を殺された日本人の遺族が簡単にその事実を忘れてしまうことはないのと、一緒である。

第2章　反日教育

“九・一八”歴史博物館を見学する中国の小学生たち

「反日教育」は存在しない

第2章からは、中国の「反日」に大きく関わる三つの要素について見ていく。最初は教育である。

本論に入る前に、日本語で言うところの「反日教育」のニュアンスについて説明しておかなければならない。第1章で説明したとおり、「反日」はあくまで感情にすぎない。ところが、日本で言うところの「反日」には、中国が国家的に、あるいは民族の思想として、日本を敵対視しているというニュアンスが含まれている。つまり、「反日教育」という日本語には「日本敵対視教育」というニュアンスが含まれているのだ。実際に日本では、中国は日本の侵略戦争を子どもたちに教え込み、日本への反発心を植え付けているという主張がある。

では、中国はどんな歴史教育を行っているのであろうか。そこでは「日本敵対視教育」が行われているのであろうか。

結論から言うと、ノーである。

中国に「日本敵対視教育」は存在しない。ただ「抗日戦争教育」は存在する。ここをはき違えてはならない。少なくとも、中国の教育部(日本の文部科学省)が「日本敵対視教育」を進めるように指導している事実はない。

「中国は反日教育を行っている」と主張する日本人には、こう考える人がいる。〈中国は歴史教育において、日本軍が中国でいかにひどいことをしたのかを教えている。その残虐性を大げさに伝えて、反日感情を植え付けている。それは反日教育だ〉

しかし、これはおかしい。逆に言えば、なぜ、中国が過去の侵略戦争について自国民に教えてはいけないのだろうか。日本軍が中国でいかに残虐な行為をしてきたのかを、なぜ中国人自身が次の世代に伝えてはいけないのか。

もし、中国が史実を歪曲し、嘘の史実をでっち上げ、それをもって国民を洗脳し、子どもたちに「日本敵対視」を植え付けているとすれば、それは明らかに「反日教育」である。だが、史実をそのまま国民に教えるのは「反日教育」ではなく「歴史教育」である。

たしかに教科書で抗日戦争について習えば、日本はひどい国だと怒る生徒も多いだろう。しかし、それこそが教育ではないか。情感豊かな思春期にそういうリアルな感情が沸き起こるからこそ、「戦争はいけない、侵略はいけない、虐殺もいけない、平和こそ大切である」と学べるのだ。まして、そうした歴史を学んだ全国の生徒が日本嫌いになり、反日思想になり、成人してからも日本に反発し、憎悪を燃やし続けるなどということはありえない。

仮に、新中国成立以降ずっとそんな教育を行ってきていたとしたら、日中の国交はいまも断絶されたままだろう。実際には第1章で述べたように、周恩来は「反日」を乗り越えて「反ファシズム」へ方向転換するように指導したのである。

中国の歴史教育が教えているのは「抗日戦争」であって、「反日思想」ではない。日本は中国を侵略した。無数の罪のない中国人を虐殺した。それに対して、中国軍は祖国を守るために勇敢に抵抗した。そして、最終的に日本に占領されず、祖国を守り抜いた。これが歴史であり、それを教えている。このどこが「反日教育」なのか。

「抗日戦争」の歴史以外に、「だから日本は悪い国だ。国交など絶対に結ばない。日本は永遠の敵国である」などと教えていたとしたら、それは「反日教育」である。しかし、もちろん、そんな教育はしていない。

このように、日本語で言うところの「反日教育」には誤ったニュアンスが含まれている。そこで、本書では正確なニュアンスを期するために、「反日教育」ではなく「抗日戦争教育」と表現する。その大前提として、中国で行われる「抗日戦争教育」は「侵略された側」の教育であることを認識しておく必要性についても、合わせて述べておく。

侵略された側の近現代史教科書

では、実際に中国ではどのような「抗日戦争教育」が行われているのだろうか。

ここからは中国の教科書を引用しながら、いくつかの史実について具体的に見ていこう。それによって、中国の歴史教育が「反日教育」ではなく「抗日戦争教育」であることがわかるはずだ。また、日本の歴史教科書では同じ出来事がどのように記されているのかも見ていく。ひとつの出来事を両国の教科書がどう描写しているのか。この比較によって、両国の歴史認識になぜずれが生じるのかを理解できる。

中国の歴史教科書の表紙

私の手元に一冊の歴史教科書がある。『中国历史』(『中国の歴史』)というタイトルで、「义务教育课程标准实验教科书」(義務教育課程標準実験教科書)と書かれている。これは義務教育の八年次用、つまり中学二年生の教科書で、内容は中国の近現代史である。出版社は人民教育出版社。中国では、国家の審査を通過したいわゆる正式な教科書は、すべてこの出版社から出版される。目次を引用してみよう(以下、すべてこの教科書からの引用)。

「第一単元　侵略与反抗

第一课　鸦片战争

第二课　第二次鸦片战争期间列强侵华罪行

第三课　收复新疆

第四课　甲午中日战争

第五课　八国联军侵华战争」

日本語訳は次のとおりだ(以下、すべて筆者訳)

「第一単元　侵略と抵抗

第一課　アヘン戦争

第二課　第二次アヘン戦争と列強による侵華の犯罪行為

第三課　新疆の奪還

第四課　甲午中日戦争

第五課　八国連合軍の侵華戦争」

日清戦争の記述——中国の教科書

第一単元で、日本についての記述が出てくる。第四課の「甲午中日戦争」、日本で言うところの「日清戦争」（一八九四～九五年）だ。日本の歴史教科書では一〇年後の日露戦争（一九〇四～〇五年）とともに、「富国強兵」「近代化」に向けて、国力と武力が強くなっていくことを印象付ける内容となっている（少なくとも、私が習った歴史の授業では、そのような印象として残っている）。では、「侵略された側」である中国の歴史教科書の記述はどうか。

「一八九四年、日本为实现征服朝鲜，侵略中国，称霸世界的梦想，出兵占领朝鲜汉城，接着，又发动侵华战争。这一年是旧历甲午年，因此，这次战争叫做〝甲午中日战争〟」

「一八九四年、日本は朝鮮を征服し、中国に侵略し、世界制覇の夢を叶えると称して、朝鮮の首都である漢城（ソウル）に出兵し、続けて侵華戦争を起こした。この年は旧暦の甲午年に当たることから、この戦争を『甲午中日戦争』と呼ぶ」

続いて、日清戦争後の一八九五年四月に締結された「馬関条約」（下関条約）についての記述がある。

「黄海大战以后，清政府一味向敌人妥协，致使日军肆意横行，无所顾忌。日本海陆两军进攻辽东、很快就侵占了辽东半岛、接着又夹攻山东威海卫。威海卫是北洋舰队的基地、结果、北洋舰队全军覆没。京师震动、慈禧太后急忙任命李鸿章为全权大臣、赴日本议和。

一八九五年四月、李鸿章和日本首相伊藤博文签订了中日马关条约。这个丧权辱国的条约规定、清政府割辽东半岛、台湾、澎湖列岛给日本、赔偿日本军费白银二亿两、允许日本在中国开设工厂、增辟通商口岸等。马关条约大大加深了中国半殖民地化程度」

「黄海大戦以後、清政府はひたすら敵に対して妥協を繰り返し、日本軍に好き勝手に横行され、されるがままとなった。日本の陸海両軍は遼東《リャオトン》に攻め入り、すぐに遼東半島を占領すると、続いて山東《シャントン》の威海衛《ウェイハイウェイ》を挟み撃ちにした。威海衛は清国の北洋艦隊の基地であり、結果的に、北洋艦隊は全滅した。政府は震え上がり、慈禧《ツーシー》太后はあわてて李鴻章《リホンチャン》を全権大臣に任命し、講和のため日本へ赴いた。

一八九五年四月、李鴻章と日本の首相伊藤博文は中日馬関条約を締結した。この無権利で屈辱的な条約は、遼東半島、台湾、澎湖《ポンフー》列島を日本に渡し、白銀二億両の軍費を日本に賠償し、日本が中国で工場を開設することを許可し、通商用の港を増設することなどを定めた。馬関条約は中国の半植民地化を大きく促進させるものであった」

同じページには一枚の写真が掲載されており、「日本軍、旅順《リュイシュン》にて一般市民を虐殺」とキャプションがつけられている。そして、教科書の本文とは別のスペースに、この旅順大虐殺についての説明がある。

「日军占领旅顺后，疯狂屠杀当地居民，死难者近两万人。日军为掩盖自己的罪行，将被害者的尸体集中火化，把骨灰装进棺材里埋葬，并用木牌写上〝清国阵亡将士之墓〞，借以欺骗世界舆论。后来，中国人民在墓地树起纪念碑，称它为〝万忠墓〞」

「日本軍は旅順を占領後、狂ったように現地住民を虐殺し、死者は二万人近くにまで及んだ。日本軍は自身の犯罪行為を隠蔽するために、被害者の遺体をまとめて焼き、骨と灰を棺桶につめて地中に埋め、さらに木製の碑を建てて、そこに『清国戦死者の墓』と記し、世界の世論を騙そうとした。後年、中国人民がこの墓に記念碑を建て、『万忠墓』と名づけた」

この教科書では、旅順大虐殺についての記述は以上で終わりだが、この事件についてもう少し掘り下げて考えてみよう。

旅順大虐殺

一八九四年九月に勃発した黄海海戦で勝利した日本は、一〇月に入ると清国の大陸部に侵攻し、一一月には遼東半島にある旅順に攻め入った。旅順侵攻の理由は、北洋艦隊の基地となっていたからである。その旅順で、なぜ虐殺事件が起きたのだろうか。

旅順を攻略したのは大山巌率いる部隊である。大山は「我軍は仁義を以て動き、文明に由《よっ》て戦ふ」という訓令を発していたという。これから察するに、当時の国際法や戦争時の国際的常識に通じていたと思われる。それにもかかわらず虐殺事件が起こったのは、当時の清国軍の戦争慣習に原因があったといわれている。

旅順侵攻に際して、旅順郊外の土城子《トゥチォンズ》で両軍が戦闘になった際、清国軍は日本軍兵士の死体を著しく損壊したという。首を取るだけでなく、手足も含めて死体をばらばらにしたり、生首からさらに耳や鼻をそいだりしたそうだ。これは清国では常識で、相手兵士の死体の部位を提出すると、手柄と認めて政府が懸賞金を支払っていたという。

それを目の当たりにした日本軍は、さぞかし驚いたであろう。「我軍は仁義を以て動き、文明に由て戦ふ」を旨としていたが、相手は国際常識どころではなく、同志の遺体を辱めた。日本軍は激昂し、清国に対して報復を開始した。旅順での大虐殺は、こうした経緯があって発生したのである。

もちろん、これが虐殺を正当化する理由にはならない。そもそも侵略したのは日本なのだ。この大虐殺での死者数は、中国では二万人弱といわれている。一方、日本ではそんなに多くないとする説がある。このように犠牲者数に関する食い違いが、侵略した側とされた側との間で生じるケースは多い。この問題についてどう捉えるかについては、南京大虐殺を例にして説明する。

歴史教科書では以下、第二単元で辛亥革命（一九一一年に孫文が指導し、清朝を倒して中華民国を樹立した革命）、第三単元で五四運動（一九一九年五月四日に学生を中心として起こった反帝国主義運動）を中心に、中国の近代史が描かれている。

日清戦争の記述――日本の教科書

では、侵略した側、つまり日本の歴史教科書は、日清戦争についてどう記述しているのか。

「一九世紀終わりの朝鮮では、重い税金に加え、凶作と日本の商人による米の買いしめで、米の値上がりが続いていました。一八九四（明治二七）年、キリスト教（西学）に反対する宗教（東学）を信仰する農民たちを中心に、日本と欧米諸国を追いはらい、朝鮮の政治改革をめざす反乱が南部で起こり、勢力を広げました（甲午農民戦争）。

反乱をしずめるために朝鮮政府が清に援軍を求めると、日本も清に対抗して朝鮮へ軍隊を送りました。現地では農民軍と政府側は和解し、農民軍は解散しましたが、朝鮮へ勢力をのばす機会をねらっていた日本は、朝鮮政府に改革を要求して、朝鮮王宮を占拠するなど内政干渉を行いました。そのため、朝鮮を勢力範囲と考える清との対立を深めました。

一八九四年七月、豊島《プンド》沖での衝突をきっかけに日清戦争が始まりました。日本では、議会や内閣が派兵の拠点となる広島に移されました。清は大国でしたが、戦争は近代装備でまさる日本軍が勝利しました」(社会科 中学生の歴史『日本の歩みと世界の動き』帝国書院、二〇一三年。以下、すべてこの教科書からの引用、ルビは省略)

続いて、中国の歴史教科書では「馬関条約」と記されている下関条約について、このように記されている。

「一八九五年四月、下関(山口県)で日清講和条約(下関条約)が結ばれました。その結果、日本は、清に朝鮮の独立を認めさせ、遼東半島・台湾などとともに、二億両(当時の日本の国家予算の約三・六倍)の賠償金を得ました。この賠償金は、軍事力の強化に使われるとともに、日本の工業化の基金ともなりました。日清戦争の結果、琉球の所属問題も消滅しました」

日中間で教科書の記述が相当に異なっていることがわかる。日清戦争の項でとくに顕著なのは、旅順大虐殺についての記述だ。中国の教科書にはあり、日本の教科書にはない。

余談になるが、私の日本での大学入学式のとき、式典の貴賓として参加してくださったのは旅順博物館の一行だった。大学の創立者に名誉館員の称号を授与するために来日し、入学式と授与式を合同で挙行したのだ。名誉称号を授与した大学創立者は、受賞後のスピーチでこの旅順大虐殺にふれた。当時の私はその史実を知らず、勉強不足を恥じたが、改めて振り返ってみると、教科書に載っていない歴史を自分で調べて知るというのは、よほど興味がないかぎり難しい。

両国の教科書の記述に相違が存在するのは、きわめて正常である。教科書について、他国がとやかく言う権利はない。まして、それが自国の歴史についての記述となれば、なおさらである。ただし、日清戦争や日中戦争のような負の遺産について、両国間で記述が異なる、もしくは一国は教えているが一国は教えていないとなると、両国民の歴史認識に食い違いが生じるのも無理はない。

だからこそ、学校で習う内容以外に、いかに歴史を伝えていくかがとても大切になる。大学の入学式で、高校までは習うことのなかった歴史を知ったのは本当に有意義であった。両国の歴史認識の食い違いをいかに解消していくか。教科書で整合性をもたせるのが難しいのなら、教科書以外で学ぶ機会をいかに増やしていくか。そうした努力が求められるであろう。

抗日戦争の記述――中国の教科書

抗日戦争は、歴史教科書の第四単元にある。中国人が日本軍による侵略を語るとき、一般的には日清戦争ではなく、この時期を指す。それが、日本で言うところの「日中戦争」である。

「第四単元　中华民族的抗日战争

第一四课　难忘九一八

第一五课　〝宁为战死鬼、不作亡国奴〟

第一六课　血肉筑长城」

「第四単元　中華民族の抗日戦争

第一四課　忘れがたし九・一八

第一五課　『たとえ戦死しても、亡国奴にならず』

第一六課　血肉で長城を築く」

さらに、教科書の各課の主題を見ていくと、次のとおりだ。

第一四課――九・一八事変、西安事変

第一五課――血に染まった盧溝橋、南京大虐殺

第一六課――平型関《ピンシングァン》での大勝利と台児庄《タイアルジュアン》の戦役、百団大戦、抗日戦争の勝利

文章だけでなく、たくさんの写真や事件にまつわるエピソードが至るところに挿入されている。

比較のために、ここでも日本側の歴史教科書を引用したいのだが、かなり簡略化されていて、きちんと比較できるほどの分量がない。そこで、まず中国側の教科書の記述をすべて追っていき、その後、日本側の教科書を引用する。

抗日戦争の項でまず出てくるのは九・一八事変である。日本では満州事変と呼ばれているが、おそらく多くの日本人は「歴史の授業で習ったことがある」という程度の印象で、詳しくは知らないだろう。「満州事変とは？」と聞かれて、すらすらと答えられる人は少ないはずだ。一方、中国において九月一八日は、第1章でもふれたように、一年のなかでもっとも反日感情が高まる日である。

では、九月一八日とはいったい、どんな日だったのか。そして、侵略された側の教科書は満州事変をどのように記述しているのだろうか。

九・一八事変(満州事変)

「我的家在东北松花江上
那里有森林煤矿

还有那满山遍野的大豆高粱
我的家在东北松花江上
那里有我的同胞
还有那衰老的爹娘
九一八、九一八
从那个悲惨的时候
脱离了我的家乡
抛弃那无尽的宝藏
流浪！流浪！
整日价在关内流浪！
哪年哪月
才能够回到我那可爱的故乡？
哪年哪月
才能够收回那无尽的宝藏？
爹娘啊、爹娘啊
什么时候才能欢聚一堂？」

「我が家は東北・松花江《ソンホアチアン》にある
そこには森林や炭鉱があり
野山に満ちる大豆や高粱がある
我が家は東北・松花江にある
そこには私の兄弟がいて
年老いた父と母がいる
九・一八、九・一八
あの悲惨な事件のとき
私は故郷から離れ
尽きない宝を捨てた
さすらい、さすらう
さすらい、またさすらう
一日中、関内をさまよう
いつ、いつになれば
あの愛おしい故郷に帰れるのだろう
いつ、いつになれば

あの尽きない宝を取り戻せるのだろう
父さん母さん
父さん母さん
いつになれば
また一緒にだんらんを囲めるのだろう」

第一四課の最初のページに、この歌が引用されている。これは、中国で非常に有名な「松花江上」の歌詞である。松花江は、中国の東北地方を流れる川だ。九・一八事変が起きた一九三〇年代前半、日本軍に占領されて行き場を失い、流浪の生活を送っていた東北地方の住民たちがよく歌っていた。

追われた故郷を思うだけでなく、東北地方を蹂躙《じゅうりん》した日本軍に対する怒りの心情も含まれている。歌詞には日本軍への怒りを直接的に表現した部分はないが、やむを得ず故郷を捨てざるを得なかった悔しさ、両親や兄弟と離れ離れにならざるを得なくなった無念さが伝わってくる。その原因をつくったのは日本軍である。そういう暗示で日本軍への怒りを表現している。含蓄を美徳とする中国的な詩的表現である。美しい詩の中に悲哀と怒りを含ませている。

それでは、次の記述を見ていこう。

「一九三一年九月一八日晚上，沈阳北郊上空弯月高悬，疏星点点。突然，一声巨响，南满铁路柳条湖一小段铁轨被炸，打破了东北大地的宁静……日本侵略军有预谋地制造了柳条湖事件，却反诬中国军队破坏铁路，并以此为借口，进攻中国东北军驻地北大营，炮轰沈阳城。九一八事变爆发了」

「一九三一年九月一八日夜、瀋陽《シェンヤン》北部郊外の空には三日月が高くそびえ、星が瞬いていた。すると突然、巨大な音が鳴り響き、南満州鉄道の柳条湖《リウティアオフー》区域の一部の線路が爆破され、東北の大地の静けさを破った……日本の侵略軍は意図的に柳条湖事件をでっち上げたうえ、中国軍が鉄道を破壊したと罪をなすりつけ、それを理由に、中国東北軍駐屯地北本営に攻め込み、瀋陽城を砲撃した。九・一八事変が勃発したのである」

本文はこの後、中国国民党についての記述となり、さらに西安《シーアン》事変（一九三六年一二月、西安で起きた蔣介石の拉致・監禁事件）へと続いていく。また、本文とは別に、同じページに日本に関する内容が挿入されている。それも引用しておこう。

「花谷少佐是日本策划柳条湖事件的主要参与者之一，他在战后的回忆录中说出了事件的真相。

『一八日夜――岛本大队川岛中队的河本末守中尉，以巡视铁路为名，率领部下数名向柳条湖方向走去。一边从侧面观察北大营的兵营、一边选了个离兵营约八百米往南去的地点。在这里、河本亲自把骑兵用的小型炸药安放在铁轨下、并点了火。时间是十点多钟。爆炸时轰的一声、炸断的铁轨和枕木向四处飞散。这时、呆在铁路爆破点以北约四千米的文官屯的川岛中队长、立即率兵南下、开始袭击北大营』」

「花谷少佐は柳条湖事件を画策した日本軍の主要メンバーの一人で、彼は戦後、回顧録の中で事件の真相について語っている。

『一八日夜――島本大隊川島中隊の河本末守中尉が鉄道の巡視と称して、部下数名を率いて柳条湖の方角へと向かった。一隊が側面から北大営の兵営を見張りながら、別の一隊を約八〇〇メートル南に行った地点に配置した。そこで、河本は自ら騎兵用の小型ダイナマイトを線路の下に置き、火をつけた。時間は一〇時過ぎだった。ボンという爆発の音がして、爆破された線路と枕木が四方に飛び散った。このとき、線路爆破地点から北に約四〇〇〇メートルの場所にいた文官の川島中隊長は、即座に兵を引き連れ南下し、北大営を攻撃し始めた』」

ここに書かれている花谷少佐の回顧録は、一九五五年に河出書房から出版された著作『満州事変はこうして計画された』を指していると思われる。中国の教科書のほうが日本の教科書より断然詳しいのがよくわかる。

さらに、歴史教科書の記述を続けよう。

「九一八事变爆发时、驻守沈阳的东北军要求抵抗日本侵略者、但是、蒋介石下令不抵抗。第二天清晨、日军占领了沈阳城。随后、日军又陆续侵占了东北三省。东北军十几万人撤入关内。只有四个多月、东北一百多万平方千米的锦绣河山、全部沦于敌手。全国人民反对蒋介石的不抵抗政策、要求停止内战、抵抗日本的侵略。东北人民和未撤走的东北军部队、组织起抗日义勇军、抵抗日军的侵略。中国共产党派杨靖宇等在东北组织游击队、开展抗日游击战争。中国人民的局部抗战开始了」

「九・一八事変勃発後、瀋陽を守っていた東北軍は日本の侵略者たちに抵抗するよう求めたが、蒋介石は抵抗するなと命じた。翌日の早朝、日本軍は瀋陽城を占領した。その後、日本軍は陸続と東北三省を占領したのであった。東北軍十数万人は関内《グァンネイ》（万里の長城の南側、訳者注）へと逃げ込んだ。わずか四カ月あまりで、東北の一〇〇万㎢以上もある錦繍山河は、すべて敵の手に落ちたのである。全国の人民は蒋介石の不抵抗政策に反対し、内戦を停止して日本の侵略に抵抗するよう求めた。東北人民と逃げずにとどまった東北軍の部隊は、抗日義勇軍を組織し、日本軍の侵略に抵抗した。中国共産党は楊靖宇《ヤンジンユゥー》などを派遣して東北でゲリラ部隊を組織させ、抗日ゲリラ戦争を展開した。中国人民の局地的な抵抗戦が始まったのである」

当時「奉天」と呼ばれていた現在の瀋陽市（遼寧《リャオニン》省）には、九・一八事変の歴史を紹介する博物館が存在する。二〇一〇年の夏、私は初めてその博物館を訪れた。「〝九・一八〟歴史博物館」である。一九九一年に、瀋陽市の柳条湖陸橋付近に建てられ、九九年に拡大工事が行われて、同年九月一八日に現在の陣容となった。この博物館の題字を書いたのは元国家主席の江沢民《チャンツォーミン》である。

江沢民元国家主席が題字を書いた“九・一八”歴史博物館

総面積は三万五〇〇〇㎡。七つの展示スペースがあり、通常展示写真八〇〇枚、実物展示三〇〇点、文献・ファイル類一〇〇〇点のほか、彫刻、油絵、LEDスクリーンなどを取りそろえる。全国百大愛国主義教育規範基地、全国小中学生愛国主義教育規範基地、国家一級博物館、国家4A級観光地のほか、遼寧省や瀋陽市の栄誉称号を数多く獲得している。

敷地に入っていくと、巨大な石造りのモニュメントがある。そこには、大きく「18」という数字が書かれていた。九・一八歴史記念博物館だから、当然その一八だろうと思いながら近づいていく。すると、大きな「18」の文字の上下左右に、それぞれ小さく文字が入っていた。上には「1931」、右には「9月」、左には「金曜日」と書いてあり、下側には「旧暦の年月日」と書かれていた。旧暦の一九三一年九月一八日金曜日の歴史を永遠にとどめるという意味なのだろう。

基本展示はもちろん九・一八事変（満州事変）なのだが、日清戦争の展示もあった。また「中村事件」（陸軍大尉の中村震太郎一行が一九三一年に満州でスパイ活動中に中国兵に殺害された事件）や「万宝山事件」（吉林《チーリン》省長春《チャンチュン》市の万宝山で一九三一年に起きた朝鮮移民と中国農民の衝突事件）など、日本の学校では習わない歴史も紹介されていて、非常に勉強になる。見学した私は、自分の知らなかった歴史の細部を学ぶと同時に、自らが「加害者」であることを痛感させられた。この博物館には、地元の小中学校の児童生徒が社会科見学でやってくるという。これもまた「抗日戦争教育」の一環であろう。

盧溝橋事件

中国の歴史教科書の記述を続けよう。今度は盧溝橋事件である。ここでも、九・一八事変と同じように、ある歌詞が紹介されている。

「《卢沟桥歌》
卢沟桥
卢沟桥
男儿坟墓在此桥
最后关头已临到
牺牲到底不屈挠
卢沟桥
卢沟桥
　国家存亡在此桥」
「《盧溝橋の歌》
盧溝橋
盧溝橋
男の墓はここにあり
生死の瀬戸際に直面するも
最後まで犠牲となって屈服せず
盧溝橋

盧溝橋

国家の存亡はここにあり」

そして、本文が始まる。

「血染卢沟桥

日军侵占我国东北三省后、继续向南进逼、企图占领华北。一九三六年、日军势力从东、南、北三面包围了北平、形势十分危急。卢沟桥背靠宛平城、扼平汉铁路、成为北平通往南方等地的唯一通道、是军事上的必争之地。

一九三七年七月七日晚、日军在卢沟桥附近举行军事演习。日军借口一名士兵失踪、无理要求进入宛平县城搜查、遭到中国守军拒绝。蓄意挑动战争的日本军队悍然向卢沟桥中、国守军发起进攻、并炮轰宛平城。中国守军忍无可忍、奋起抵抗、全国性的抗日战争从此爆发。卢沟桥事变、又称七七事变。

双方在卢沟桥反复争夺、战斗十分激烈。不久、日本调集大批援军、向北平、天津发动大规模进攻。二九军副军长佟麟阁、一三二师师长赵登禹等指挥部队奋勇抵抗、先后为国捐躯。七月底、平津相继沦陷。

在民族危机空前严重的时刻、国共两党再次合作、正式建立抗日民族统一战线、开始领导全民族抗战。工农红军改编为八路军、新四军、奔赴抗日战场」

「血に染まる盧溝橋

日本軍は、わが国の東北三省を占領した後、続けて南へ迫って華北地方の占領を企んだ。一九三六年、日本軍の勢力は東、南、北の三方面から北平《ペイピン》(北京)を取り囲み、形勢はきわめて逼迫していた。盧溝橋は宛平城《ワンピン》を背にしており、平漢鉄道を押さえ、北平から南方地域へ通じる唯一のルートとなっており、軍事上の必奪の地であった。

一九三七年七月七日夜、日本軍は盧溝橋付近で軍事演習を挙行した。日本軍は兵士が一人失踪したという口実で、宛平城に入って捜査をするという無理な要求を突きつけ、中国の防衛軍に拒絶された。戦争を起こそうと挑発していた日本軍は無理やり盧溝橋の中国防衛軍に攻め込み、宛平城を砲撃した。中国防衛軍もこれには堪忍袋の緒が切れ、奮い立って抵抗し、全国的な抗日戦争が勃発した。盧溝橋事件、またの名を七七事変という。

双方は盧溝橋の争奪戦を繰り返し、かなり激しい戦闘となった。そのうち、日本は大量の援軍を集めて、北平、天津《テンチン》へ大規模な侵攻を開始した。二九軍副軍長の佟麟《トンリン》閣《グゥー》、一三二師団長の趙登禹《チャオデンユウー》などの指揮部隊が勇敢に抵抗し、次々に国のためにその命を投げ打った。七月末、北平と天津は相次いで陥落した。

民族危機が空前の深刻さであったこの時期、国共(国民党と共産党、訳者注)両党は再び合作し、抗日民族統一戦線を正式に樹立。全民族を指揮して抗戦を開始した。工農紅軍は八路軍、新四軍へと編成され、抗日の戦場に馳せ参じた」

この本文が記述されている第一五課のタイトルは「たとえ戦死しても、亡国奴にならず」である。なぜこのフレーズが用いられているのか。その理由は、教科書に書かれている。

盧溝橋と宛平城の防衛軍に第二九軍という部隊があり、その隊長は金振中《ジンヂエンヂォン》という人物であった。金振中は日本軍と対峙する緊迫した一触即発のなか、全軍の士気を常に高めておくため、食事の前と寝る前にあるスローガンを兵士たちに叫ばせたという。そのスローガンは部隊で徐々に広まっていき、やがては防衛軍全体のものとなった。その言葉こそ、「たとえ戦死しても、亡国奴にならず」だったのである。

私が盧溝橋を訪れたのは、一九九八年だ。北京市内から南西へ一五キロほど行った郊外だった。中国でよく見かける、石造りでアーチ状の橋である。そのすぐ近くに「中国人民抗日戦争記念館」がある。

一九八七年に建てられた中国人民抗日戦争記念館は増設を繰り返し、現在の形になったのは二〇〇五年。メイン展示は当然、盧溝橋事件から始まった日中戦争で、この戦争を深く理解するための最大の拠点となっている。村山富市元首相も訪問しており、累計の来館者数は一六〇〇万人を超えるという。基本展示のほかに、毎年さまざまな展示が行われている。瀋陽の九・一八歴史博物館に負けず劣らず大きく、展示内容も豊富だ。

日中戦争は九・一八事変から始まり、盧溝橋事件をきっかけに、中国の抗日戦争が本格的に全国展開されていく。九・一八事変は日本軍侵略の時間的象徴であり、盧溝橋事件は中国の抗日戦争本格化の象徴であり、同時に抗日戦争の位置的象徴である。

南京大虐殺

そして、南京大虐殺が被害の大きさや残酷さの象徴であろう。中国の歴史教科書の記述を見てみよう。

「《南京大屠杀》

卢沟桥事变以后，日军又发动八一三事变，大举进攻上海，接着，有向南京进犯。一九三七年一二月，日军攻陷中国首都南京。国民政府迁往重庆，把重庆作为战时的陪都。

日本侵略者所到之处，烧杀淫掠，无恶不作。日军占领南京后，对南京人民进行了血腥大屠杀，犯下了滔天罪行。南京的和平居民，有的被当做练习射击的靶子，有的被当做练习刺杀的对象，有的被活埋。据战后远东国际军事法庭统计，日军占领南京后六周之内、屠杀手无寸铁的中国居民和放下武器的士兵达三〇万人以上」

「盧溝橋事件後、日本軍は八・一三事変（第二次上海事変。一九三七年八月一三日に上海へ進駐した中華民国軍と日本軍が交戦した事件）を起こし、大挙して上海に攻め込み、そのまま南京を侵犯した。一九三七年一二月、日本軍は中国の首都南京を攻め落とした。国民政府は重慶《チョンチン》に移り、重慶を戦時中の第二の首都とした。

日本の侵略者たちは至るところで焼き打ち、虐殺、強姦、強奪と悪事の限りを尽くした。日本軍は南京を占領後、南京市民に対しても血なまぐさい大虐殺を実行し、甚大なる悪行を犯した。平和に暮らしていた南京市民は、ある者は射撃訓練の的にされ、ある者は銃剣訓練の殺傷対象とされ、またある者は生き埋めにされた。戦後の極東軍事裁判の統計によると、日本軍は南京を占領した後、六週間以内に、武器をまったく身につけていない中国人民と武器を放棄した兵士を三〇万人以上も虐殺したという」

この本文とともに、虐殺の模様を撮影した複数の写真が載せられている。

南京の青年が処刑台に縛り付けられ、一人の日本兵が刀を振り上げて、まさに首を切り落とそうとしている写真。

まだ少年であろう二人の若い中国人青年が木に縛り付けられ、銃剣の訓練対象にさせられている写真。

生き埋めにするため、大きく掘った地面の穴の中に南京市民を押し込めている写真。

南京市民の捕虜を一列に並ばせて、銃を持った日本兵とともに行進させている写真。この写真のキャプションには、「南京郊外の集団虐殺場へ中国人民を連行する日本軍」とある。

視覚はインパクトが強い。「百聞は一見に如かず」とは中国のことわざだが、その言葉どおり、写真で見せられると、文章を読んで光景を想像したり、人から話を聞くよりも、数倍ものインパクトがある。

さらに隣のページには、南京大虐殺時の有名なエピソードである百人斬りについての記載もある。『東京日日新聞』の写真が掲載され、その内容が中国語で紹介されている。その記事を引用しておこう。

「『東京日日新聞』一九三七年(昭和一二年)一二月一三日朝刊《第4報》

百人斬り〝超記録〟

向井一〇六—一〇五野田

両少尉さらに延長戦

[紫金山麓にて十二日浅海、鈴木両特派員発]

南京入りまで〝百人斬り競争〟といふ珍競争を始めた例の片桐部隊の勇士向井敏明、野田巌両少尉は十日の紫金山攻略戦のどさくさに百六対百五といふレコードを作つて、一〇日正午両少尉はさすがに刃こぼれした日本刀を片手に対面した。

野田『おいおれは百五だが貴様は?』

向井『おれは百六だ!』両少尉は〝アハハハ〟結局いつまでにいづれが先に百人斬つたかこれは不問、結局、

「ぢやドロンゲームと致さう、だが改めて百五十人はどうぢや」

と忽ち意見一致して一一日からいよいよ百五十人斬りがはじまつた。

十一日昼中山陵を眼下に見下ろす紫金山で敗残兵狩真最中の向井少尉が『百人斬ドロンゲーム』の顚末を語つてのち、

『知らぬうちに両方で百人を超えていたのは愉快ぢや、俺の関孫六が刃こぼれしたのは一人を鉄兜もろともに唐竹割にしたからぢや、戦ひ済んだらこの日本刀は貴社に寄贈すると約束したよ。一一日の午前三時友軍の珍戦術紫金山残敵あぶり出しには俺もあぶりだされて弾雨の中をえいまゝよと刀をかついで棒立ちになつてゐたが一つもあたらずさこれもこの孫六のおかげだ』

と飛来する敵弾の中で百六の生血を吸った孫六を記者に示した」

この新聞記事が中国の歴史教科書に写真付きで掲載されているのだ。だから、中国の一般市民も南京大虐殺期の百人斬りについては当然の知識として知っている。日本人のほうが「百人斬り」という残酷な歴史について知らないだろう。

日中戦争の時代、中国の首都であった南京市は、現在は江蘇《チャンスー》省の省都で、国内有数の大都市だ。華東地区では上海に次ぐ第二の都市で、中国四大古都のひとつでもある。また、二〇一〇年にシンガポールで第一回が開催された、国際オリンピック委員会主催の「ユースオリンピック」(一四～一八歳を対象とし、文化・教育プログラムも行われる)の第二回開催地でもある。二〇一四年の開催に向けて、建設ラッシュが続いている。

人口は八一六万人、面積は六五九七㎢。市内には長江(揚子江)が流れ、辛亥革命で中国の近代化の途を開いた革命指導者・孫中山(孫文)が祀られている中山陵、旧国民党政府の司令部が置かれていた総統府などの観光地がある。

そして、瀋陽の九・一八歴史博物館、盧溝橋の中国人民抗日戦争記念館と同じように、南京市にも南京大虐殺の歴史をとどめた記念館がある。「侵華日軍南京大虐殺遭難同胞記念館」だ。かつて日本軍が集団虐殺を行い、その死体を埋めた江東門に、一九八五年に建設された。その後、一九九五年と二〇〇七年に拡充工事が行われ、総面積は七万四〇〇〇㎡だ。累計訪問者数は二〇〇九年までに二〇〇〇万人を超えた。

胡錦濤《フーチンタオ》、江沢民、温家宝《ウェンチアパオ》、李長春《リーチャンチュン》、劉云山《リウユンシャン》、李鵬《リーポン》、朱鎔基《ジューロンチー》など中国の国家指導者をはじめ、日本からも村山富市氏・海部俊樹氏・鳩山由紀夫氏などの元首相が訪れている。ここでは、鳩山氏が訪れたときの日本の報道の一例を紹介しよう。

日本の元首相たちも訪れた南京大虐殺記念館

「中国各紙、好意的に報道
鳩山氏の南京大虐殺記念館訪問
一八日付の中国各紙は鳩山由紀夫元首相が江蘇省南京市の『南京大虐殺記念館』を訪問した際の写真を一面に掲載、日中戦争時の旧日本軍の侵略行為について『おわび』したとして好意的に報じた。
京華時報は社説で鳩山氏の訪中を取り上げ、日中関係の改善に向け『日本は鳩山氏のような態度を取る必要がある』と指摘。鳩山氏に比べて安倍晋三首相の態度は『理性的ではない』とし、植民地支配と侵略を認めた『村山談話』を継承しつつも、新たな談話の作成を進める安倍内閣に警戒感を示した。新京報は、鳩山氏が中国要人との会談で沖縄県・尖閣諸島について中国との『係争地』と発言したことを取り上げた学者の論評記事を掲載。『鳩山氏の見解は日本政府の言い方とは異なるが、客観的で現実的だ』と評価した。

韓国各紙も鳩山氏が記念館前で手を合わせる写真を掲載、中央日報は鳩山氏が『謝罪した』と伝えた」（インターネットの『産経ニュース』二〇一三年一月一八日）

この報道のように、日本の元首相が歴史について「お詫び」をしたことを中国メディアは好意的に報じている。一方、日本では、お詫びしたことだけでなく、日本国元首相という立場の人間がこうした記念館を訪問すること自体の問題性を問う声も上がった。

犠牲者数の食い違いをどう考えるか

過去の侵略戦争に関する謝罪について議論されるとき、日本のいわゆる「謝罪反対派」から必ず出てくるのが、史実の正確さである。「中国側が公式としている史実は正確ではなく、でっち上げだから、謝罪する必要はない」というのだ。そのとき必ず引き合いに出されるのが、被害者の数である。南京大虐殺について、中国側は公式に犠牲者を三〇万人としている。これに対して日本には、「三〇万人という数字は誇張されていて、正確ではない」という主張がある。だから、「中国側に謝罪する必要はない。そんなことをすれば自虐的で卑屈なだけだ」という論理である。

こうした日本側の姿勢は、虐殺があった事実に疑いの余地はないにもかかわらず、中国側の公式数値の水増しという主張を掲げることにより、真正面から歴史の問題に取り組まず、ごまかしている、と中国人の目には映る。だから、中国側は常に謝罪を求める。「問題をすりかえるな、真正面からきちんと戦争犯罪を見つめよ」と述べる。

南京大虐殺にしろ、四七・四八ページで紹介した旅順大虐殺にしろ、お互いの犠牲者数の食い違いをどう考えるべきなのだろうか。

実は、その答えこそ、日本人が中国人の「反日」を理解する際に大きな解決策となると私は考える。例をあげて説明しよう。

ある中国人女性が、戦時中の自身の体験について、次のような証言をしたとする。

「その日、ついに日本軍が私の村にも侵攻してきました。逃げ遅れた私は家族と離れ離れになってしまい、仕方なく、近くの民家に逃げ込みました。その家の人たちも、もう逃げ出した後だったのでしょう。家財道具はすべて持ち出され、猫一匹いません。私は入口の扉を少しだけ開けて、外の様子をうかがいました。

しばらくすると、日本軍の一隊がこちらにやってくるのが見えました。どうしよう。見つかったら殺される。いや、殺される前に、強姦されるにちがいない。私が聞いていた話では、日本軍は町や村を占領するたび、そこの住人を次々に殺し、家財道具を持ち去り、若い娘は強姦した後に殺害し、すべてのことがすんだら家々に火を放ち、村ごと焼き打ちにしてしまうというのです。

それが本当なら、私は見つかったらすぐにレイプされ、そのあげくに殺されるでしょう。しかも、強姦されるのは一回だけではなく、次から次へと日本兵がやってきては、何度もレイプされるという……。ここから出れば、すぐに日本兵に見つかってしまう。私は奥の部屋に逃げ込み、テーブルの下に隠れるほかありませんでした。

しばらくすると、日本兵が入ってきました。家の中の部屋を一つひとつ確認しているようです。何を話しているのかわかりませんでしたが、ときどき笑い声が聞こえてきます。やがて、日本兵が私の隠れている部屋に入ってきました。テーブルの下に隠れている私には、日本兵の足だけが見えました。一人でした。しばらく部屋の中を見回した後、その日本兵はおもむろにこちらに近づいてくると、テーブルを持ち上げて移動させたのです。そのときの恐怖は、はっきり覚えています。いま思い出しても、身震いする思いです。

その男は二メートル以上もある大男で、不敵な笑みを浮かべながら私を見下ろしていました。そこからどうなったかは……これ以上はもう話せません。

当時の日本軍が、占領した先々で若い女性に行っていたことと同じ行為が繰り返されました。命は助かったものの、あんな辱めを受けてもなお生きながらえたことが幸運だったのか不幸だったのか。私はずっと答えを見つけられずにいました。あの忌まわしい記憶を思い出すだけで、体が震え、吐き気をもよおすのです。殺されたほうが楽だったのにと何度も思いました。いっそのこと死んでしまおうと、何度も自殺を考えました。でも、私は生き延びてきました。

もう二度と、あんな不幸を起こしてはいけない。自分と同じ目に遭う若い女性をこの世に出してはいけない。そのために、自分はこの恐怖の体験を語っていこう。多くの人に伝えていこう。それが、私のできる唯一の反戦行動であり、生き延びてしまったことへの意義付けであると思ったからです」

この中国人女性の証言を聞いたある日本の歴史学者が、次のような見解を述べたとする。

「この証言には不正確な部分がある。それは、この女性がテーブルの下に隠れているのを発見した日本兵についてである。彼女はこう証言している。

『その男は二メートル以上もある大男で、不敵な笑みを浮かべながら私を見下ろしていました』

当時の日本軍に、身長が二メートルを超す兵士など存在しない。物資が常に不足していたあの時代、身長が二メートル以上になる日本人などまずいない。まして、この女性が住んでいた地域に侵攻した日本の師団に、そのような大男がいたという記録はない。もしもいたとすれば、あまりに目立って、誰かの陣中日記や証言に出てくるはずである。しかし、そのような記載も記録も一切ない。この女性は嘘をついている。誇張している。だから、この証言は嘘である」

事実記録と感情記憶のすれ違い

二メートルを超す大男など、当時の日本軍にはいなかった。これは事実であろう。だが、それが事実であったとして、この女性の体験自体が重視されないということが許されるのであろうか。

これを私は「事実記録と感情記憶のすれ違い」と呼んでいる。事実記録は国が公式とするもので、公の性質が強い。感情記憶は、個人の記憶に頼った感情的な性質が強い。つまり、このすれ違いは公と個という対比も含んでいる。公的な事実から見て正確ではないから、個の感情的体験は無視してもいい。そんな議論がまかり通ったら、個人は存在しないに等しい。そして、公式という名のもとに個の存在が抹殺されることになりかねない。

戦争によって自分の人生を無茶苦茶にされた個が無視され、抹殺されてしまったら、誰が戦争という不幸な体験を次世代に伝えていくのか。史実としての正確な内容や数値だけを次世代に伝えていけば、それですむ問題なのだろうか。

反日デモも同じである。集団で行うのがデモだから、一見、組織的にやっているように見えるが、そうではない。第1章で述べたように、反日デモは中国人の感情表現である。感情は個人単位だ。中国人の一人ひとりが感情を表現している。それが一人、二人、三人と集まって束になったのがデモ隊だ。

中国人は日本人と違い、個人主義的な民族である。日本人はたくさん集まらなければ、デモをしない。中国人は一人でもデモをやる。なぜか。デモは感情表現だからだ。人数が多い少ないは関係ない。みんながやるならやる、やらないならやらないという、日本人的発想もない。私はこう思う。だから、それを表現する。その集まりが、日本でセンセーショナルに報道される反日デモの正体である。

公や集団を個よりも重んじる日本的志向と、群れをつくらず個の主張を堂々と表現する中国人。これも、日本人が中国人の反日精神を理解するうえで忘れてはならない重要な視点である。

抗日戦争の勝利

侵略された側の義務教育の歴史教科書について、最後の引用をしよう。抗日戦争の勝利の部分である。

「一九四四年到一九四五年初、世界反法西斯战争节节胜利、德国在欧洲败局已定、日本在太平洋战争中遭到美国的沉重打击、陷入困境。中国共产党领导的抗日根据地军民开始局部反攻、取得一系列胜利。

一九四五年八月、美国向日本的广岛、长崎投掷两牧原子弹。苏联发表对日宣战的声明、派遣苏联红军进攻驻中国东北的日军。与此同时、中国的抗日战争进入大反攻。

在中国人民和世界反法西斯力量的沉重打击下、八月一五日、日本天皇被迫宣布无条件投降。八年抗日战争、中国人民终于取得了伟大胜利、台湾也回到祖国的怀抱」

「一九四四年から四五年の初めにかけて、世界では反ファシズム戦争が次々に勝利を収め、ドイツは欧州において敗戦が決定的となった。日本は太平洋戦争でアメリカの強烈な攻撃に遭い、困難な状況に陥った。中国共産党率いる抗日戦線の軍民も反撃を開始し、次々に勝利を勝ち取っていった。

一九四五年八月、アメリカは日本の広島と長崎に原爆を投下した。ソ連は日本へ宣戦布告し、ソビエト紅軍を派遣して中国東北部に駐屯していた日本軍に攻め込んだ。

これと同時に、中国の抗日戦争も大反撃に打って出た。

中国人民と世界の反ファシズム勢力の強烈な攻撃に遭い、八月一五日、日本の天皇は無条件降伏を宣言した。八年間の抗日戦争において、中国人民はついに偉大なる勝利を勝ち取り、また台湾も祖国の懐に戻ってきたのであった」

これで抗日戦争に関する教科書の本文は終わっている。

九・一八事変から始まり、盧溝橋事件、南京大虐殺、抗日戦争の勝利と続く。もちろん、これらは抗日戦争の代表的な史実だけであり、細部を記載していけば、抗日戦争だけで一冊の教科書ができるだろう。

本当に中国が「反日教育」を行うのであれば、より詳細を記載した教科書をつくるはずだ。表現も、より過激にすればよい。ここからもわかるように、あくまで「抗日戦争教育」であって、「反日教育」ではない。

日中戦争——日本の教科書

ここで、侵略した側の、すなわち日本の歴史教科書を見てみよう。まず、九・一八事変（満州事変）から。

「一九二〇年代後半、中国ではうばわれた主権を回復しようという動きがさかんになり、日本の中国での権益の中心だった南満州鉄道に並行する鉄道を建設する動きが起こりました。これに対し『満州』にいた日本の軍隊は一九三一(昭和六)年九月、南満州鉄道の奉天(現在の瀋陽《シエンヤン》)付近で爆破事件を起こし、中国側のしたこととして攻撃を始め、『満州』全体を占領しました(満州事変)」

満州事変の史実についての記述は、これだけである。これに付随する内容として、以下のように続いている。

「これは政府の許可を得ずに軍部の一部が起こした行動でしたが、不景気で人々の信頼を失っていた内閣は軍部をおさえる力がなく、総辞職しました。民衆の中にも、資源の豊かな『満州』を支配し、不景気を解決しようとする考えが広がっていきました。一九三二年三月、日本は『満州国』をつくり清の最後の皇帝の溥儀《プーイー》を元首としました。『満州国』の実権は日本がにぎり、産業も支配しました」

次に、盧溝橋事件と南京大虐殺である。この二つは、一緒に短い文章の中にまとまって記載されている。

「一九三七(昭和一二)年七月、北京郊外の盧溝橋で日中両軍が衝突した盧溝橋事件をきっかけに、日中戦争が始まりました。日本軍は中国南部からも侵攻し、上海や当時首都であった南京を占領しました。南京では兵士だけでなく、女性や子どもを含む多くの中国人を殺害し、諸外国から『日本軍の蛮行』と非難されました（南京大虐殺）。しかし、このことは戦争が終わるまで、日本国民には知らされませんでした」

この教科書には「満州での日本人の暮らしと中国人の抵抗」という見出しの本文があるので、そこも引用しておこう。

「満州事変が起こった当時、『満州』にはすでに日本人が住んでいました。しかし、農業を営む人は少なかったため、一九三六年に政府は二〇年間に五〇〇万人の農民を入植させる『満州』移民の計画を立て、日本国内から満蒙開拓団を募集しました。しかし、日中戦争が本格化すると、成人男子を組織的に送ることが難しくなり、日本国内から一家をあげての移民や、一九歳以下の青少年による移民が進められました。さらに、戦争末期には『満州』に住む一家の主人までもが戦争に召集され、大陸での農業経営は困難になりました。

移民が農業を営んだ土地の大部分は、すでに中国人によってたがやされていた農地を安い値段で取りあげたものでした。そのため、土地を失った中国の農民の中には日本人の小作人になる者も出てきました。不満をもった中国人は、日本人の開拓団の村をおそうなど、抗日戦争を展開しました。また、『満州』にいた日本人の中に、日本人以外の民族を下にみる人々がいたことも中国人の抗日意識を強めました」

どちらが対話しているのか?

ここまで、日中両国の中学校の歴史教科書を見てきた。その意図は、中国は「反日教育」を行っているわけではなく、「抗日戦争教育」を行っていることを示すためだ。繰り返すが、もし教科書の抗日戦争の項に「だから日本とは国交を結ぶな」「日本は敵国だ」というような記述が並んでいれば、それはまさしく「反日教育」だ。しかし、私が引用してきた中国の教科書記述を見直してほしい。どこにそんな記述があるのか。

すでに述べたように、中国人にとっての「反日」とは「反日感情」であって、「反日思想」ではない。ところが、日本では、「中国は反日教育を行って、子どものうちから反日思想を培養している」と勘違いされている。ここに大きな問題がある。

ある人は言うかもしれない。

「抗日戦争教育を行うがゆえに、反日感情を増長させているのだから、やはりそれは反日教育だ」

だが、歴史家のE・H・カーは言う。

「歴史とは未来と現代と過去との対話であって、現代の視点から過去を断罪するものでもないし、過去の事実のみを語るだけのものでもない。人類の未来にとって何がよいのかということを常に意識したものでなければならない」(E・H・カー著、清水幾太郎訳『歴

史とは何か』岩波新書、一九六二年）

私が日中双方の歴史教科書の記述を引用したのも、まさにここに目的がある。どちらがより積極的に「未来と現代と過去との対話」を行っているか。とくに、戦争という人類にとって絶対的にあってはならない悲惨な歴史を繰り返さないために、無実の人びとが殺され、若い女性が強姦され、未来ある子どもが虐殺されるような不幸を二度と起こさないために、強い気持ちで、より積極的に「未来と現代と過去との対話」を行っているのは、どちらの教科書だろうか。

カーによれば、歴史とは、「現代の視点から過去を断罪するものでもないし、過去の事実のみを語るだけのものでもない」。中国の歴史教科書は日本軍の残虐行為について記述しているが、それを断罪しているわけではない。さらに、過去の事実を語るだけではなく、そこには詩があり写真があり、戦争の悲惨さや戦争で故郷を追われた人びとの無念さ、望郷の念までも記述している。一方、日本の教科書はどうか。

カーのいう「対話」をしているのは、果たして日中のどちらの教科書だろうか。

第3章　反日世代

抗日戦争を経験した世代（出典：百度）

反日ドラマというジャンル

第2章で引用した中国の教科書で、抗日戦争についてふれた単元の最後のページに、以下の記述がある。

「观看抗日战争的影片，了解更多抗战史实」
「抗日戦争の映像作品を見て、もっと抗戦の史実について理解しよう」

中国では抗日戦争の映画やドラマが毎年つくられ、放映されている。それに対して、「国民に反日感情を忘れさせないため」という論調が日本にはある。そこで、今度は反日ドラマを見ていくことにしよう。

たしかに、中国には抗日戦争の映画やドラマは多い。ざっと作品をあげてみる。

《大刀》《狼毒花》《记忆之城》《火线》《锄奸》《借枪》《中天悬剑》《平原枪声》《生死十日》《双枪李向阳》《双枪老太婆》《红日》《沧海》《中国兄弟连》《黑玫瑰》《周恩来在重庆》《血色玫瑰》《血色湘西》《地道英雄》《地雷战传奇》《地雷战传奇之锄奸行动》《滇西1944》《雪豹》《铁道游击队》《烈火金刚》《敌后武工队》《地下地上》《红色娘子军》《51号兵站》《沂蒙》。

これらはあくまで代表的な作品であって、これ以外にもたくさんある。代表作のなかで、中国人なら誰でも知っている超有名作品に《亮剑《リャンチェン》》がある。

《亮剣》は、都梁《ドゥリャン》という作家が書いた小説がオリジナルだ。二〇〇〇年に出版されると、処女作であるにもかかわらずベストセラーとなり、「まったく新しい概念の戦争小説をつくりあげた」「現代の市場ニーズにマッチした戦争物語」などと賞賛された。その特徴のひとつは、抗日戦争の勝利から朝鮮戦争まで、幅広い時間軸で描いている点だ。

二〇〇五年にドラマの撮影が行われ、翌年にはテレビ放映される。またたく間に全国に広がり、二〇〇六年度のＣＣＴＶ（中国中央電視台）最高視聴率番組となった。そして、中国テレビ界でもっとも権威のある「中国電視金鷹賞」で、二〇〇六年度最優秀主演男優賞、視聴者が選ぶ最優秀男優賞、最優秀長編ドラマ賞を受賞する。

作者の都梁は一九五四年、江蘇省の生まれ。元々は軍人で、退役後、教師や公務員、一般企業、石油探索技術研究所所長などを経て、作家となった。斬新な作風が評価を得て、小説だけでなくテレビドラマも大ヒットしたことから、《亮剣》は新しいタイプの抗日ドラマとして国民に認識された。二〇一〇年には続編の《新亮剣》が制作され、二〇一一年に放映された。

《亮剣》のヒットが意味するものとは何か。それは、「抗日」がもはやひとつのジャンルと化しているということである。日本で言えば、戦国時代や幕末のようなものだ。作品で言えば、忠臣蔵や新選組のようなものだろう。どちらも日本人になじみがある。それは、年代、作者、作風が変化しながら、繰り返し制作されてきたからだ。現在の日本では時代劇離れが激しいようだが、少なくとも忠臣蔵や新選組という名前を聞いたことがない日本人はほとんどいないだろう。

もっとも、中国の場合は少し事情が違う。それは、抗日戦争は義務教育の段階で習うから、若者も基本的な知識を持ち合わせていることだ。若者に抗日戦争というジャンルが受け入れられる原因も、ここにある。一般に、歴史作品の理解には基礎知識を要する。知識がないと、見ても内容がよくわからない。日本の義務教育では、忠臣蔵や新選組の時代背景を詳しくは教えない。若者がそういう作品を見なくなるのも自然である。

視聴率がとれるから抗日ドラマが増える

中国において抗日戦争がひとつのジャンルとして成り立つ背景は、ここにある。だが、ジャンルと化しているからと言って、「反日」にはつながらない。人によっては、「ジャンル化されるくらいメジャーなのだから、やはり中国人は反日ではないのか」と思うだろう。しかし、逆である。ジャンルと化した「反日」には、激しい憎悪の感情は存在しない。ひとつの固定観念として受け入れられるからだ。それをよく表しているインタビューを紹介しよう。

それは、「中国嫁日記作者、抗日ドラマがなくならない理由を冷静に分析」というタイトルだ。『中国嫁日記』という大人気ブログの作者であり、漫画家・イラストレーターでもある井上純一氏のインタビューである（『ＮＥＷＳポストセブン』二〇一三年三月一九日号）。

「――中国の教育といえば、反日も教えられているのが有名ですね。

井上　中国政府は、国が分裂しないように北京語を教え、同時に日本を敵だと設定する愛国教育をして国内を固めました。でもそれが今、裏目に出ている。国がすすめている部分もありますが、反日というコンテンツそのものが面白いので止まらなくなっている。

『抗日ドラマ』というジャンルがあります。共産党は抗日ドラマをこれ以上作らせないようにしているのだけれど、視聴率がいいから百チャンネル以上ある民放のテレビ局が勝手に作っちゃう。そして実際に見てみると、実に面白いんです。

第二次世界大戦中の日本が必ず悪として描かれるのですが、子ども向けの戦隊モノや時代劇の水戸黄門みたいに、定番の悪役として登場するんです。制作する立場からこのコンテンツをみると、決まった設定があるから簡単にシナリオを組め、高い視聴率もとれる。さらに、本来だったら許されない暴力描写を抗日ドラマだけは、やり放題なんです。反日は娯楽として優れているから広まるし、止められないという事情がある」

井上純一氏は中国で暮らしており、中国人女性と結婚しているので、現地事情に詳しい。きわめて中国人的な目線を持った日本人である。しかも、漫画家で作品を制作する立場だから、制作サイドの目線も持ち合わせている。それゆえ、コメントはとても正確に中国の実情を言い表している。

インタビュアーの質問は、「中国の教育といえば、反日も教えられているのが有名ですね」と反日教育ありきという前提だ。これに対して、井上氏はどう答えたか。「以前はそういう政策で進めてきたが、いまはそれが裏目に出ている」「視聴率がいいから民放のテレビ局が勝手につくる」と述べている。

日本では、この点が勘違いされている。抗日ドラマがなくならないのは中国の政策であって、抗日ドラマを絶え間なく制作して放送することによって、「反日」を風化させないようにしているという趣旨の主張である。インタビュアーの質問を見ても、日本でそのように抗日ドラマが認識されていることが一目瞭然であろう。だが、実際には民放が視聴率稼ぎでつくっているのが実態である。

すると、今度はこう考える人が出てくる。

「抗日が視聴率をとれるというなら、やはり中国人は反日じゃないか」

しかし、中国で抗日が視聴率をとれるのは、中国人が反日だからではない。井上氏は、日本軍＝悪役というわかりやすい設定が理由のひとつであると語っている。つまり、ハリウッド映画でもよく見られるように、正義と悪がはっきりしているほうが大衆に受け入れられるのである。

ここまでくれば、中国の一般視聴者が現代日本人に対してリアルな憎悪の感情を抱いているから抗日ドラマを好んで見るのではない、ということがわかるであろう。大部分の視聴者にとって、日本軍はテレビの中の設定でしかない。むしろ、いまだに中国人が激しい日本憎悪の感情を抱いていたら、テレビ局にクレームがくるにちがいない。なぜか。見たくないからだ。

〈なぜ、憎しみに満ちたあの時代のドラマを平気で次々と放映するのだ。私はまだあの怒りを忘れてはいない。それなのに、なぜ、同胞が日本軍に殺されるような物語を放映するのだ〉

第1章でもふれたが、中国人は自己主張をする国民性である。いくら中国が共産党の一党独裁とはいえ、まだまだ傷の癒えていない日本軍侵略の記憶が残っているにもかかわらず、政府が抗日ドラマをテレビで次々に垂れ流し、それを甘んじて受け入れるような、偏狭な社会ではない。日本軍への生々しい憎悪の感情がなくなり、テレビの中の悪役として定着したからこそ、次々に放映できるし、視聴率もとれるのである。

《四十九日・祭》の撮影現場にて

二〇一三年春、ある中国ドラマの撮影が急ピッチで進んでいた。タイトルは《四十九日・祭》。抗日戦争期を描いたドラマだ。舞台は南京。日本軍に占領されてから四九日間の惨劇をとおして、人間性とは何かを問うている。

原作は作家・严歌苓《イエングーリン》の小説《金陵十三钗《ジンリンシーサンチャイ》》。有名な張芸謀《チャンイーモウ》監督によって映画化された。そして、映画作品のドラマ版としてリメイクされたのが《四十九日・祭》だ。私は上海で、その撮影現場の取材に成功した。撮影が行われていたのは「上海胜强影视基地」。上海市松江区《ソンチャンジャン》にある老舗の撮影場だ。

最初に話を聞いたのは、キャスティング会社の何子平《ホーズピン》社長。過去、日中共同の映画やドラマ作品で数多くのキャスティング実績を誇っている。その口から語られる日本人俳優の名は超一流ばかり。そうした俳優たちと仕事をしてきたと自慢するわけでもなく、あっさりと話された。《四十九日・祭》の内容が抗日戦争だから、日本人も出演しており、そのキャスティングも行っている。

戦時中の南京市の街並みを再現した撮影現場

「中国では抗日戦争の作品が多いから、しょっちゅう日本人をキャスティングしていますよ」

――抗日は、いまや中国の映画やドラマ作品において、ひとつのジャンルのようになっていますね。

「そのとおり。だから、日本人の軍人さんや和服を着た日本人女性の役は、とくにニーズが多いんです」

――きょう撮影現場に入ったとき、正直ドキッとしましたよ。だって、日本の国旗である日の丸がそこら中に掲げてありますし、『大東亜共栄圏』だの『日中親善・共存共栄』だの、思い切り戦中の日本軍占領時の風景ですからね。

何氏は、よくわからないという表情で

私を見つめている。ここは撮影現場なのだから、当時を再現しているセットが存在していて当然だと思っているようだ。

――そこへ、私と出演者の日本人が入ってくるわけですから。

何氏は、やっとわかったというようにうなずいた。

「われわれが反日感情を抱いているということですか？」

――もちろん、ここは撮影現場ですから、みなさん、ご自分の仕事に集中されていて、そんなことを考える暇もないかと思います。ただ、日本人にしてみたら、やはり少し緊張しますね。

すると、何氏は我が意を得たりというような顔で、笑いながら言った。

「そうですよ。みんなプロフェッショナルですから。ここは、ほかでは絶対に見られない当時の風景が再現されている場所だけど、誰も反日なんて考えている暇なんかないでしょうね」

抗日ドラマの撮影最前線で、出演者、監督、ディレクター、スタッフなど制作に関わる人たちが、果たして反日感情を燃やして制作しているのか。「抗日戦争ドラマ＝反日教育」がいかに短絡的であるかがわかるであろう。

撮影現場の日中友好

この撮影現場で、私は思いがけぬ知己を得た。《四十九日・祭》の主役であり、「中国国家一級俳優」で、ジャッキー・チェンや李冰冰《リーピンピン》といったスターたちとの共演経験もある、実力派俳優の黄志忠《ホアンジーチョン》さんである。

撮影が行われている間、私は現場に隣接した控室で待機していたのだが、そこは黄さんの臨時控室でもあった。撮影の合間、短い休憩時間が生まれると、黄さんはここで待機しながら、お茶を飲んだり、次のシーンのセリフを確認したりする。

このドラマの中で、黄さんは日本語を話すシーンがある。その撮影の際、たまたま現場に居合わせた日本人として、私は黄さんの日本語の発音練習を少し手伝わせていただいた。それで私の顔を覚えていた黄さんは、私を見つけると声をかけてくれた。

「いま、日本は桜が咲いていますか?」

私が「もう散ってしまいました」と答えると、こう続けた。

「以前、日本で桜が見たいと思って、パスポートまで取ったんです。でも、その年はもう桜が散ってしまったと聞いたので、日本行きは取りやめました」

私が「ぜひ、桜の咲く時期に日本へいらしてください」というと、「ぜひ、そうしたいですね」と笑顔で答えた。

抗日ドラマの主役と現場で日本の桜について語り合う。その主役が「ぜひ日本へ行って桜を見たい」と語る。そこに反日感情などまったく存在していない。

このドラマに日本人役として出演した島田佳奈子さんにも、お話をうかがった。島田さんは、その日撮影されたシーンを振り返り、当時の南京の状況に思いを馳せたという。日本軍に占領された南京で、中国人が日本人によって虐げられていたことを象徴するようなシーンだったという。撮影を終えた島田さんは、つぶやくように、しかし実感のこもった声で言った。

「これだけ虐げられれば、中国の人たちが日本人に不満や恨みを抱くのも当然です」

私と同年代の島田さんがこのような形で抗日戦争当時の状況について学べる機会は、一般にはまずない。

島田さんの心に去来するもの、そして黄さんが見せた笑顔と「ぜひ日本で桜を見てみたい」という言葉。抗日戦争ドラマの撮影現場という、一見「反日感情」がもっとも渦巻いていそうな場所で、私は日中の友好を見た思いがした。

世代による大きな違い

抗日戦争を直接経験した世代は、少なくなっている。中国語には、「八〇后《パーリンホウ》」(一九八〇年代生まれ)や「九〇后《チウリンホウ》」(一九九〇年代生まれ)という言葉がある。これは、単に生まれた年代での分類というだけではなく、いままでとは感覚や思考が違う、新しい世代の若者たちというニュアンスを含んでいる。

一九八〇年代や九〇年代生まれの若者にとって、抗日戦争の歴史は確実に過去のものだ。つまり、風化してきている。第1章で紹介した若者の証言のように、現代の若者にとっては、反日デモよりもスマートフォンや自動車のほうが興味の対象である。明らかに、抗日戦争への興味や関心の度合いには世代による差異がある。以下は、そんな世代の違いを感じさせるエピソードだ。

日本人の渡瀬さんは、中国に来て二〇年。大手日本企業の駐在員として田舎町に赴任し、工場の立ち上げや現地法人の開設など、一から会社を興す業務を経験した。当初、中国語は話せなかったが、住んで仕事をするうちに自然と覚えていったという。いまでは、中国人とのコミュニケーションに困ることはない。紆余曲折を経た結果、日本には戻らず、現在は上海の在住だ。

渡瀬さんは独身で、中国人女性とお付き合いしている。すでに数年の交際で、お互いが結婚を真剣に考えるようになった。二人の間には何の問題もない。だが、渡瀬さんにはひとつ不安があった。それは、彼女の家族が日本人との結婚を認めてくれるかどうかである。実は、彼女自身も同じ不安をかかえていた。日本人との結婚を家族がすんなり認めてくれるとは限らない。とくに、世代の違う祖母は。

ある日、彼女はまず母親に渡瀬さんとの結婚について話してみた。すると、意外にもまったく意に介さず、認めてくれた。これで少しは安心したが、問題なのは祖母だ。祖母に日本人との結婚について話すのは、実の娘である母親でさえも気が引けるという。それは、祖母が昔からよく語っていたある出来事が関係しているからだ。

祖母は抗日戦争の体験者である。ある日、空襲から身を守るために、近所に住む同年代の友達たちと防空壕に避難した。空爆が止み、そろそろ出ても安全だろうと一人ずつ這い出ると、そこへ日本軍がやってきた。祖母はあわてて逃げたが、仲のよかった友達の一人が捕まってしまったのだ。助けに行こうかどうか迷ったあげく、やはり恐くて逃げ出した。

友達を見殺しにしてしまったという思いと、少女で武器も持たない自分が出ていったところで、助けようがなかったという事実の間で、祖母は葛藤したという。そして数日後。日本軍に捕まった少女のその後を聞いた。なんと、仲のよかった彼女は日本兵に捕まり、レイプされたあげく、殺されてしまったという。

祖母は自分の娘にだけでなく、孫にもこの話を聞かせた。話している最中、ときに怒りに震え、ときに涙したそうだ。

渡瀬さんの彼女は、自分の世代は日本人を憎んではいないし、一緒に手を取り合って平和を目指していきたいと思っている。だが、それはあくまで若い世代の考えだ。実際に抗日戦争で辛い思いをした祖母の世代が日本人に対してよいイメージを持っておらず、かわいい孫がよりによってその日本人に嫁ぐということに感情的に納得できないのは仕方がないと考えている。同時に、自分の結婚を祖母にも祝福してほしいという気持ちもある。

このように反日感情といっても、世代によってその強弱は大きく異なる。

反日という名の愛国心

一九四九年に正式に中華人民共和国が成立して以降、中国は日本を全国民共通の敵と定めることで国を統治してきた。広大な土地に多数の民族。ともすると分裂しかねない国家を常に結束させておくには、共通の敵を設定し、国民の一体感を演出する必要がある。その一体感の名を「愛国心」という。

しかし、井上純一氏のインタビューでもふれたように、その「全国民共通の敵」も昔のようにはいかない。世代が変わり、時代が変わり、中国は発展し、豊かになった。いまや、日本という共通の敵を憎むことによって一体感＝愛国心を演出し、国を統治するという政治手法は時代遅れとなり、有効な手段ではない。

ただし、時代遅れにはなっても、完全になくなってしまったわけではない。たとえば、いまはダウンロードデータを入手して音楽を聴くのが主流である。それに比べて、アナログのレコードなど時代遅れも甚だしい。それではレコードを聴く人がゼロなのかといえば、そうではない。また、ＣＤもすでに時代の主流ではなくなったが、やはり聴く人はいる。一度定着したものは、たとえ主流ではなくなっても、完全には消滅しないのである。反日で愛国心を生む中国政府の手法も同じことだ。完全にはなくなっていない。だが、もはや主流ではない。

では、いまは何が愛国の象徴なのか。それは軍隊である。

以前、中国のあるテレビ番組を見た。そこで紹介されていたのは、人民解放軍の海軍兵の物語だ。まだ二〇代前半の若いその兵士は、中国本土から遠く離れた離島の警備という任務に就くことになった。どんな島なのか、何があるのか、さっぱりわからない。知っていたのは、名前と南シナ海に浮かぶ島ということだけだ。

やがて、着任の日を迎えた。不安げな表情の青年兵士をテレビカメラが捉える。信号もスーパーも娯楽施設もない、小さな無人島。もちろん、コンビニがあるはずはない。海軍基地だけが、不自然な威容さでそびえ立っている。そして始まった、島での生活。ひたすら同じ場所、同じ景色の中で過ごす、単調で孤独な日々。彼は、どんな気持ちでこの島での生活を続けているのか。それを追ったドキュメンタリー番組である。

番組では、青年兵士からしきりに「為祖国」という言葉が出てきた。「祖国のために」という意味である。同世代の若者が流行や目の前の利益に執着する傾向が強くなるなか、「祖国のために」人生をかけて努力することを教える。そんな意図が感じられた。

この番組のように、現在の中国において愛国心を高めるのは、メディアをとおした軍隊や兵士の姿である。もちろん、尖閣諸島問題などの渦中では、「反日」もまだまだ有効な愛国促進の要素となるが、もはや主流にはならない。

それでも、国を常に統一させておくためには、人民への絶え間ないアプローチが必要である。その手段が軍隊だ。反日から軍隊へと、愛国促進の要素が変わったのである。たとえば、二〇〇八年の四川大地震では、人民解放軍が被災地で活躍した。このときも「祖国の危機に勇敢に立ち向かう愛国の兵士たち」という設定が多かった。そういう姿をとおして、愛国心を高めようとしている。中国政府も常に変化しているのである。

祖父母の実体験

時代を経るにつれて戦争の記憶が風化していくという現象は、日本も変わらない。「戦争を知らない子供たち」という歌が流行ったのは一九七一年だが、それからさらに四〇年以上が過ぎた。いまの日本の若者に、戦争の悲惨さに対する関心がどれだけあるだろうか。

かく言う私は一九七九年生まれである。同年代に比べると、幼いころから戦争、なかでも日中戦争に対する関心が高かった。それは祖父母の影響である。

第2章で引用した日本の歴史教科書に、日本から満州への移民についての記述があった。日中戦争末期には満州に住む一家の主人までもが戦争に召集されたという記述もあった。私の祖父母は、ここで述べられている「移民」だ。幼いころ、祖母から当時の話をよく聞かされたのをいまも覚えている。

祖父母は満州国の大連《ターリエン》に住んでいた。大連はとてもきれいな街で、祖母は大連駅前のデパートで働いていたという。当時の大連は日本人が多く、感覚的には日本に住んでいるのとほとんど変わらなかったそうだ。やがて日中戦争が激化すると、祖父は徴兵され、出征した。その後は家に帰ることなく、終戦を迎える。

私の父は、祖父母が大連に住んでいるときに生まれた。それゆえ、戸籍謄本の出生地には「大連」と記されている。祖母は生まれたばかりの父をかかえて、訳もわからぬまま大連港から帰国船に乗り、郷里である鳥取へ戻った。しばらく経っても、祖父は帰ってこない。だから祖母は、祖父は死んでしまったものだと思い込んでいたという。

祖父はその二〜三年後、突然、帰ってきた。話を聞くと、大連在住時代に兵隊として狩り出された後も満州国に駐屯し、そこで終戦を迎えた。だが、ソビエト軍の捕虜となったため日本に帰国できず、シベリアに連行されて強制労働させられたという。シベリア抑留である。

祖父には、左手の薬指がなかった。シベリア抑留中、あまりに過酷な労働に音を上げて休んでいたところをソビエト兵に見つかり、罰として左手の薬指を金槌で力いっぱい打ち付けられたからだという。最低気温がときにマイナス五〇度に達することもある極寒のシベリアで、かじかむ指を金槌で思い切り打ち付けられ、指がポロリと折れてしまったそうだ。

祖母が大連時代の思い出を私に語るとき、いつも「中国人はいい人たちばかりだった」と言っていた。祖父母の家には中国人のお手伝いさんがいて、とてもいい人で、祖父母ともに大好きだった。大連の街もきれいで、とても気に入っていたという。ただし、ときに家の中に入ってきて泥棒する中国人もいて、それだけは困ったとも話していた。

先の日本の歴史教科書の記述によれば、日本人に取り立てられて、情勢に適応しようとした中国の農民もいたし、日本に対して不満を持ち、日本人開拓団の村を襲撃した農民もいたという。祖父母の家で泥棒を働いたという中国人は、日本人の小作人となって貧しい生活を送り、生きるために仕方なく日本人家庭を狙ったのかもしれない。

いずれにしろ、私の年代では、満州国やシベリア抑留を実体験した人から話を聞ける機会は多くない。世代から世代へ、何を受け継いでいくべきなのか。何を風化させてはいけないのか。これは日中両国に共通する課題である。

歴史認識の基礎

政冷経熱。

一九九〇年代以降、日本と中国の関係はたびたびこの四文字で形容されてきた。それ以前は「一衣帯水」という言葉がよく使われたが、最近ではあまり聞かれない。

政治がどれだけ冷え込んでいても、経済、そして民間では、日中関係が発展してきた。しかし、いまだに両国は歴史認識において隔たりがある。最近も、歴史認識に関する食い違いから問題がたびたび生じている。一例を新聞（『毎日新聞インターネットニュース』二〇一三年三月一二日）から引用してみよう。

「安倍首相：『東京裁判は勝者の断罪』

米から批判の可能性

安倍晋三首相は一二日の衆院予算委員会で、第二次世界大戦の戦犯を裁いた極東国際軍事裁判（東京裁判）について『大戦の総括は日本人自身の手でなく、いわば連合国側の勝者の判断によって断罪がなされた』と述べた。首相は第一次内閣で東京裁判を『受諾しており異議を述べる立場にない』と国会答弁しており、この方針は維持するとみられる。しかし東京裁判に懐疑的な見方を示したことには中韓両国などのほか、戦勝国の米国から批判が出る可能性もある。

また首相は、幣原内閣が敗戦原因を調査するため設置した『戦争調査会』が短期間で廃止されたことに言及。連合国軍総司令部（GHQ）の諮問機関・対日理事会が『やめさせようとした』と述べた上で、『連合国にある種都合の悪い考え方も議論されるのではないかということで、議論を封殺したのではないか』と指摘した。

ただ一方で『歴史に対する評価は専門家に委ねるべきだ。政府が研究を行い意見を述べることは外交問題に発展する可能性もある』と強調。政府による大戦の総括は行わない考えも示した。

歴史認識を巡って首相は今回の就任前、従軍慰安婦問題をめぐる九三年の『河野談話』見直しを示唆。就任後は外交面の配慮から見直しに関与しない考えを示しているが、米国内ではなお懸念の声がある。首相は第一次政権では『（A級戦犯は）国内法的には戦争犯罪人ではない』と明言しており、今回の東京裁判に関する発言が日米関係に影響する可能性もある」

この安倍発言に対して、中国はどう反応したか。『人民網日本語版』(二〇一三年三月一四日)から引用する。

「外交部(外務省)の華春瑩報道官は一三日の定例記者会見で『極東国際軍事裁判は国際社会が日本軍国主義に対して行った正義の裁判であり、その結果は戦後国際秩序の重要な基礎となった』と述べた。

記者:日本の安倍晋三首相は一二日の国会答弁で極東国際軍事裁判について『勝者の判断による断罪』と述べた。また『歴史は歴史学者が評価すべきだ。政府が歴史問題の研究に加わり、意見を述べたら外交問題に発展する可能性がある』と述べた。これについて中国側のコメントは。

華報道官:日本軍国主義の発動した侵略戦争はアジアを始め世界に深刻な災禍をもたらした。極東国際軍事裁判は国際社会が日本軍国主義に対して行った正義の裁判であり、その結果は戦後国際秩序の重要な基礎となった。日本国内には第二次大戦での失敗の結果を受け入れようとせず、戦後国際秩序への挑戦を企む勢力が常にいる。歴史の判決を覆すことは許されず、正義に挑戦することは許されない。歴史がすでに繰り返し証明しているように、歴史を尊重して初めて未来を勝ち取ることができる。日本は歴史を直視し、深く反省して初めて、アジア近隣国との関係をうまく処理することができる」

「反日」を理解するうえで、日本による中国側の歴史認識と歴史教育の理解がとても重要であることは、今後も変わらない。なぜなら、日本は侵略した側だからである。

歴史認識はともすると、学問ないし政治次元のものと考えられがちだ。しかし、多くの人命を奪う殺戮行為が、時間を経たからとはいえ、学問や政治の次元のみで処理されることは間違っている。それらの次元の議論も必要だが、その根っこには人間対人間の交流があってしかるべきだ。つまりは民間である。

民間の交流なしに、学問の次元だけで「被害者は何人か」などと議論して何の価値があろう。まして、「中国は被害者を多めに見積もっている」「中国は被害者数をでっち上げている」などと声高に主張したところで、何の意味があろう。両国の民衆と民衆が強力な絆と連帯で結ばれ合う基礎があってこそ、そういった議論も意味をもつ。

世代間で真に伝えるべきものは何か

日中関係において、双方が世代間で真に伝えていくべきものとは何か。それは、戦争の悲惨さと平和の尊さである。

日本人は広島、長崎、沖縄をはじめ、戦争の悲惨さを嫌というほど思い知った。広島の原爆資料館（広島平和記念資料館）を見学したある中国人観光客は、こう語っていた。

「あれはひどすぎる。核兵器（原爆）は本当に恐ろしい。あまりに悲惨な写真や資料の数々に鳥肌が立った」

次世代に伝えていくべきは、こうした内容であろう。原爆によって黒焦げになった人間の死体の写真を目の前にすれば、国籍など吹き飛んでしまう。そして、平和に暮らせるありがたみを思う。両国が歴史をどう認識するかの議論だけにこだわり、次世代との対話を忘れてしまったならば、世々代々にわたる友好を築くことはできない。未来を担う子どもたちに歴史をどう認識させるのか。それは現在のおとなたちの責任なのだ。

もちろん、次世代へ伝えていくべきは戦争体験だけではない。武漢大学で長年日本語教師として教鞭をとってきたあるベテラン教授は、こう話されていた。

「中国の一九六〇年代、七〇年代は、たしかに貧しかった。でも、私はあのころの中国のほうが好きだ。いまは何でもお金や物に置き換えられてしまっている。あの時代は、お金も物もなかったけれど、夢があった。希望があった」

これも、世代間で伝えていくべき内容であろう。日本も中国も、自国の歴史と事情がある。それを次の世代へ伝えていくと同時に、一衣帯水である近隣諸国との付き合い方も伝えていくべきなのである。自国と近隣諸国。その近隣諸国に、戦争や侵略、虐殺という蛮行を犯した日本。

中国の「抗日戦争体験世代」は、思い出したくもない自身の辛く不幸な体験を心にかかえつつも、周恩来の指導のもとで怒りや憎悪を乗り越え、大切なことを次世代に伝えようと努力してきた。その声に、もっともっと多くの日本人が耳を傾けるべきである。

第4章　反日メディア

中国最大の新聞・人民日報の題字

体制側によるコントロール

メディアは、一般市民が世の中の出来事を認識するうえで欠かせない存在である。人はすべての知識を学校で学べるわけではない。メディアを通じて得る知識が占める割合は大きい。

第2章では、中国の教育は「反日教育」ではなく「抗日戦争教育」であると述べた。では、メディアはどうだろうか。中国に「反日メディア」は存在するのだろうか。事実を公正・中立な立場で報道するのがメディアの本義とするなら、そこからはずれ、国民の「反日」を煽るために、意図的に情報操作するメディアは存在するのだろうか。仮にあるとすれば、それはまさしく「反日メディア」であろう。

中国のメディアを語るとき、まずふれなければならないのは、政府によるメディア規制についてである。これは、すでに世界的な「周知の事実」だ。中国共産党が事実上の一党独裁制を敷く中国では、「国家転覆罪」に代表されるように、体制側にとって不都合な言論は、厳しく、徹底的にコントロールされている。そのため、先進国からたびたび批判の的となる。そういう状況下では、正常なメディア論(もしくはジャーナリズム論)は通用しない。

中国メディアについて語るときは、体制側のコントロール下にあるという前提で臨む必要がある。ジャーナリズムが発達しているアメリカでは、ずいぶん昔から行政・司法・立法の三権に加えて、第四権力としてメディアが取り上げられてきたが、中国ではメディアは完全に行政の中に組み込まれている。

この現実を踏まえたうえで、中国のメディアが行う日本の報道について、意図的な情報操作としての「反日」が存在するのかどうかを取材した。

ネットメディアの規制

ユーチューブ、フェイスブック、ツイッター……。こうしたいわゆる大手ＳＮＳ（ソーシャル・ネットワーキング・サービス）は、中国大陸からはアクセスできない。一方で、これらのツールにはすべて中国版があり、中国人はそれらを利用している。たとえば、ユーチューブのような動画サイトなら「优酷《ヨウクー》」や「土豆网《トゥードウワン》」、フェイスブックなら「人人网《レンレンワン》」、ツイッターなら「新浪微博《シンランウェイボー》」といった具合である。いずれも、日本では「中国版○○」という形で紹介されることが多い。

なぜこうしたサイトを規制するかといえば、当然、体制批判を国内で自由に行わせないためである。それでも、以前はつながったり、つながらなかったり、あるいは世界的に主流となっているサイトはシャットアウトするものの、影響力の小さいものは規制しないといった、ファジーな部分も存在していた。しかし、ある事件をきっかけに、国内では完全シャットアウトするようになった。それが、まだ記憶に新しい「アラブの春」である。

「アラブの春」は、二〇一〇年の年末から一二年にかけて、北アフリカや中東諸国で起こった民主化運動を指す。発端は、チュニジアで起こった「ジャスミン革命」だ。民衆がフェイスブックを利用して情報交換を繰り返し、政権打倒のデモを全国規模へ拡大していった。

ジャスミン革命は、エジプトに飛び火する。フェイスブックを利用して一般市民が結び付き、ムバラク政権(当時)に対するデモを呼びかけたのだ。最終的には二〇万人を超える市民がデモに参加し、政権打倒のきっかけをつくった。これらの民主化運動はその後、リビア、シリア、バーレーン、イエメンなどにも及んだ。

このアラブの春で、反体制の市民グループを拡大させたツールこそ、ソーシャル・ネットワーキング・サービスだった。この事態を目の当たりにして、中国政府は一層のネット規制に乗り出す。現地に住む私もそれを如実に感じている。アラブの春以降、中国のネット規制は明らかに厳しくなった。それは、中国政府がその力を警戒していることの何よりの証左である。

中国におけるネット規制の徹底ぶりは驚くほどだ。アクセスできるサイトは、すべて政府の強力な管理下にある。つまりは監視されているのだ。少しでも反体制的な言質があれば、たちどころにサイト封鎖やコメントの削除などが行われる。その細かさは、大手サイトだけに限らない。有名ではないサイトの掲示板のコメントですら、監視されている。

小さなママ友サイトのコメントも監視

広東省の深圳《シェンヂュン》市に、小さなお子さんを持つお母さん向けのサイトを運営する会社がある。サイト上だけでなく、「オフ会」と呼ばれる催しを通じてサイト閲覧者が定期的に顔見知りになる機会を設け、地域ごとに「ママ友」の輪をつくり出す。そこへ商品を提案したり広告を出すことで、収益を生み出している。このサイトの運営責任者である曹光明《ツァオグァンミン》さんに話を聞いた。

「あるとき、通信管理局から電話がありました。何かと思ったら、うちのサイトの掲示板に不適切な表現があるので、すぐに削除するように、という連絡だったんです」

中国でサイトを運営する場合、必ず必要となるのが「ＩＣＰ証」である。いわば、サイト運営の許可証のようなものだ。ＩＣＰ証なしにサイトを勝手にアップロードし、運営すると、違法になる。サイトを立ち上げようと思ったら、必ずＩＣＰ証を取得しなければならない。この許可証を発行しているのは国家通信管理部だ。地域ごとに現地の通信管理部が地元企業のサイトについて許可を出し、管理している。曹さんの場合、深圳市の通信管理局から連絡があった。

「掲示板については、うちのサイトに限らず、どのサイトも、迷惑コメントが書き込まれることがよくあります。サイトの趣旨とまったく関係のない、商売目的のコメントだったり、卑猥な動画が見られるといったようなものです。だから、うちでも毎日、必ず掲示板をチェックし、迷惑コメントがあれば自主的に削除しています。それなのに、通信管理部がわざわざ通知してくるようなコメントがあったとは。うちの社員もびっくりしました」

問題となったコメントは、決して意図的な反体制のコメントではない。子どもを思う母心から発されたものだった。

「当時、深圳市でインフルエンザが流行していました。でも、中国のメディアでは正確な情報が報じられない。あるいは、情報を出すスピードがすごく遅い。だから、インフルエンザが実際にどのくらい広まっていて、何人が感染しているのか、知りようがありません。実態がつかめないから、不安ばかりが増大していくわけです。そこで、小さな子どもを持つある母親が『しっかり情報を流してほしい。そうでなければ、しっかりとした予防もできない』と、他の母親たちに共感を求めるようにコメントしていたんです」

蔓延するインフルエンザに関する情報がなかなか開示されないので、不安を覚えた母親が情報を開示してほしいという趣旨のコメントをする。それは、子どもを持つ母親としてきわめてふつうの心情だ。ところが、通信管理局の判断は違った。政府の情報開示に対する批判と捉え、その批判が掲示板を通じて多くに広がっていくことを警戒したようだ。それで、コメントの削除を指示してきたのである。

この指示は、問題の解決に当たった中国人社員にとっても納得しかねるものだったと、曹さんは言う。

「うちのサイトは、ママ友が共感しあったり、情報を交換しあう場所。意図的に批判をしたのならともかく、コメントを書いたお母さんには、まったくそんな意思はありません。わが子を思っての、自然な発露だったんです。でも、通信管理部からは削除を命じられた。従わなければ、うちのサイトが強制閉鎖となる。だから、納得するかしないかの問題ではなく、指示には従わなければならないのです」

曹さんの運営するサイトは、決して有名ではない。そんな小規模なサイト内の、個人ユーザーが書き込む掲示板に掲載されたひとつのコメントにさえ、監視は行き届いている。場合によっては通信管理部から削除の指示が来る。しかも、コメントが書き込まれてから数時間後というスピード対応で。

中国のサイトがいかに徹底した管理を受けているかが、よくわかるだろう。

テレビ報道の規制

中国では、テレビも同じように規制されている。インターネットに比べると、テレビ報道は管理する側にとって規制しやすい。

インターネットは新手のメディアだし、規制をかけなければ海外のサイトも簡単に閲覧できる。規制をかけなければ、コメントも自由に書ける。つまり、誰でも自己主張できる。それに対してテレビは、あくまで一方通行である。コメントは書き込めないし、テレビ局が放映しないかぎり海外の番組は視聴できない。また、長年の管理経験があるため、管理する側も慣れている。

中国のテレビは、大きく分けて二つに分類できる。中央テレビのＣＣＴＶと地方局である。そして、チャンネルが限られている日本と違って、中国ではテレビを購入したら、

「数字电视《シューツーディエンシー》」と呼ばれるサービスに申し込む。「数字电视」は「デジタルテレビ」の意味で、このサービスを受けることによって衛星放送も視聴できる。中央テレビだけでなく、各地のテレビ局も衛星チャンネルを持っている。だから、中国のどの地域にいても、「数字电视」を受信すれば、六〇～七〇のチャンネルを見ることができる。たいていの日本人は、初めて中国のテレビにふれるとチャンネルの多さに驚く。

番組は各局が独自で作成するか、外部の制作会社から持ち込まれる。いずれにせよ、国家の許可を得ないかぎり放送されない。テレビ局の一存では放送できない仕組みになっている。番組を精査し、放送の許可を出すのは、「国家广播电影电视总局」(国家ラジオ映画テレビ総局)である。ここでは、青少年に悪影響を与える内容や卑猥な内容のほかに、当然ながら、反体制的な内容がないかもチェックされている。ここが許可を出さない番組は、放送できない。

そして、国家ラジオ映画テレビ総局のチェック基準は、ときには時勢の影響を受ける。以下は、日本と中国の文化交流をメイン事業とする、北京に拠点を置くある企業の代表の証言である。

この企業は社名に「文化発展有限公司」が入っており、おもに日本文化を中国で広める事業を行っている。そのひとつは、日本の格闘技番組を中国で放映するというものだ。番組の内容に興味を示し、放送に前向きな姿勢を見せる地方局が見つかり、具体的な打ち合わせに入った。現場レベルの打ち合わせは順調に進んだ。しかし、局長の決裁を得る段階になったとき、障害が立ちはだかった。

「日本的な内容が含まれる番組は、この時期、放送したくない」

それは、二〇一三年三月の話である。前年の尖閣諸島問題以降、中国国内では「日本的なもの」に対して敏感になっていた。ただし、報道者自身が日本を憎悪するがゆえに放送したくないというわけではない。要するに、面倒を避けたいのである。この時期に日本的なものを扱えば、視聴者からどんなクレームがくるかわからない。また、上からどんな目で見られるだろうか。そういう心理である。

実際には、局長の決裁が下りても、それで放送できるわけではない。前述の国家ラジオ映画テレビ総局の許可が必要だ。完成した番組を同局に提出し、許可が下りて初めて放送できる。地方局の局長が日本の格闘技番組を渋ったのは、そういう背景からだった。尖閣諸島問題でもめているこの時期に、わざわざ日本の番組を提出し、「放送したいので許可をください」とおうかがいを立てるなどもってのほか、ということだ。

「でも、こちらとしては放送までこぎつけたい。だから、テレビ局の友人と討論し、知恵を借りて、せめて当局に申請できるところまでは持っていきたかったんです」

この企業の代表は私にそう語った。では、どんな手を使ったのか。まず、日本人選手が出場する試合を極力減らした。次に、中国人選手をメインとし、日本人選手以外の外国人選手との試合を多くする。さらに、当初は日本語の実況と解説をそのまま使用し、中国語字幕を付ける予定だったが、中国語の吹き替えにした。映像に日本企業のスポンサー名が入ってしまうことだけはどうにも避けようがなかったが、それほど目立たないので、そのままでいけるだろうと判断したという。

「これができたのは、テレビ局の現場社員が申請までこぎつけようと協力してくれたおかげです。申請できたとしても、当局が許可を出すかどうかは別問題。予測すらできません。ただ、テレビ局の知恵が借りられたので、少なくともわが社が独自で編集するよりは、許可が下りる可能性は増えたと思います」

このエピソードは、テレビ番組の内容がいかに厳しい監視下にあるか、また時勢の影響を受けて国家の方針に従うことを強いられているかを、よく表している。

南周事件

二〇一三年一月に習近平《シージンピン》体制が発足して間もないころ、メディアに関する注目すべき事件が起きた。「南周事件」(日本語表記では「南週事件」)である。

中国では、インターネットやテレビだけでなく、新聞や雑誌もラジオも政府の厳しい管轄下に置かれている。こうした行きすぎとも思える監視と抑制に、不満の声を上げるメディアが登場した。それが広東省の有力週刊紙『南方周末《ナンファンジョーモー》』（日本語表記では『南方週末』）だ。この騒動は日本でも注目された。以下は『日本経済新聞』（『日経ネット』二〇一三年一月一二日）の引用である。

「醜悪な中国のメディア統制

中国で習近平・共産党総書記をトップとする指導部が誕生してから、やがて二カ月。この国がどこに向かおうとしているのか、新指導部の一挙一動を世界が注視しているといっていい。広東省の有力週刊紙『南方週末』をめぐる騒動は、一つの試金石だろう。

発端は三日付の記事だ。もともとは憲法に基づく政治の実現を訴えていたが、記者たちが知らないうちに『中華民族の偉大な復興』というスローガンを唱える内容にすり替えられたという。

共産党政権にわりあい批判的な同紙に対し、メディア統制を担当する共産党の宣伝部門はしばしば干渉してきた。今回の記事すり替えはとりわけ粗暴で、掲載された記事には誤りも目立った。

記者たちがネットなどを通して抗議しストライキまで示唆したのは、我慢も限界に来たのだろう。一党独裁体制の下で異議の声を上げた彼らの勇気をたたえたい。事情を知った一部の市民が言論の自由を訴えてデモをくり広げたのも、日ごろの情報統制への不満が表面化したといえる。

ネットの時代には情報統制が難しいことも、改めて浮き彫りになった。内外の関心の高まりもあって、当局は記者たちに一定の譲歩を示し事態は収束に向かいつつあるようだ。これを機に言論統制の撤廃に踏み出すよう望む。

ただ、楽観はできない。デモ参加者の一部を当局は拘束し、暴行を加えたとさえ伝えられる。共産党政権に近い新聞は言論統制を正当化する社説を掲載し、宣伝部門はこの社説の転載を他の新聞に指示して新たな反発を招いている。醜悪というよりほかはない。

別の事件も起きている。開明的な知識人が結集して発行している雑誌『炎黄春秋』のサイトが、閉鎖を余儀なくされたのだ。

就任して間もなく、習総書記は『共産党は憲法と法律の範囲内で活動すべきだ』と呼び掛けた。そして中国の憲法は言論の自由を明記している。習総書記と共産党政権の言行一致が問われている」

二〇一三年一月三日に発売された『南方週末』で、記者が書いた記事が勝手に別物に差し替えられていた。内容が反体制の基準にふれていたのだろう。メディア統括の総本山である共産党の宣伝部が勝手に記事を差し替えた。これに腹を立てた同紙の記者が、ネットを使って宣伝部への抗議を表明。ストライキまで起こしたという事件だ。

広東省の一地方週刊紙の問題は、やがて中央(北京)の宣伝部が登場して火消しに追われるまでになり、ついにはアメリカ国務省までもがこの事件に言及する事態となった。ここでは中国メディアが政府の厳しい管理下にあることの説明が趣旨であるため、事件の詳細は省くが、中国ではあらゆる種類のメディアが規制されている。そうした状況のもとで、果たして中国に「反日メディア」は存在するのだろうか。

日中メディアの報道比較

二〇一二年に領土問題をきっかけに勃発した「尖閣諸島問題」の報道を例に、日本と中国双方の報道を比較してみよう。

尖閣諸島問題がヒートアップしたそもそものきっかけは、二〇一二年四月に石原慎太郎東京都知事(当時)が「尖閣諸島を東京都が買収する」という方針を発表したことにある。

私が注目したのは、この「石原発言」に関する中国側の報道だ。その模様を伝えた新聞を引用しよう。まず、日本側から。

「米ワシントンを訪問中の石原慎太郎都知事は一六日午後（日本時間一七日未明）、現地のシンポジウムで講演し、『東京都は尖閣諸島を買うことにしました』と述べ、都が年内にも同諸島を個人所有者から購入する考えを明らかにした。すでに所有者とは合意しているといい、今後、議会などで審議にかける予定だという」（『asahi.com』二〇一二年四月一七日）

日本の各メディアが報道したこのニュースを、中国メディアもすぐに取り上げた。

「据日本新闻网四月一七日报道、四月一六日下午、正在美国华盛顿访问的日本东京都知事石原慎太郎、于当地的一个研讨会上发表演讲称：〝东京政府决定从私人手中购买钓鱼岛（日方称〝尖阁列岛〟）〟、他表示此计划已经获得钓鱼岛〝土地拥有者〟的同意。〟（『网络新闻联播』二〇一二年四月一七日）

「日本新聞網の四月一七日の報道によると、四月一六日午後、アメリカワシントンを訪問中の石原慎太郎・東京都知事が現地で開かれているシンポジウムで講演し、『東京都は個人所有となっている釣魚島（日本語名：尖閣諸島）の買収を決定した』と発表した。また、石原氏は、この計画はすでに『土地所有者の同意を得ている』と発言した」

この石原発言を受けて、中国がどのように反論したのか。その報道を引用してみよう。

「据报道、日本东京都知事石原慎太郎在访美期间发表演讲称、东京都政府将于今年内从私人手中收购钓鱼岛部分岛屿。

中国外交部发言人刘为民一七日表示、日本对钓鱼岛及其附属岛屿采取任何单方面举措都是非法和无效的、都不能改变这些岛屿属于中国的事实。钓鱼岛及其附属岛屿自古以来就是中国的固有领土、中国对此拥有无可争辩的主权」(新华社、二〇一二年四月一七日)

「報道によると、石原慎太郎・東京都知事はアメリカを訪問中に講演し、東京都が年内に個人所有者から尖閣諸島を買収すると発表した。

中国外交部のスポークスマンである劉為民《リウウエイミン》は一七日に声明を発表し、『日本の尖閣諸島に対するいかなる措置も、すべて非法で無効であり、これらの島々が中国のものであるという事実を覆すことはできない。尖閣諸島は古来より中国固有の領土であり、中国はこれに対して論争する余地のない主権を所持している』と語った」

石原氏がワシントンで東京都による買収の意向を発表したのは、現地時間の四月一六日午後。日本時間では一七日の未明にあたる。日本と時差が一時間の中国(日本が中国より一時間進んでいる)でも、一七日の未明になる。その日のうちに、すぐに外務省のスポークスマンが反対声明を出す。このスピード感。外交戦においては当然だが、中国の徹底ぶりがうかがえる。

この石原発言を中国メディアが報じたことにより、中国の国内世論は「最近になって、また日本が、わが国固有の領土である尖閣諸島は自分たちのものだと主張し始めているようだ」という雰囲気になっていった。

公的メディアが機関メディア

中国側の報道で注目すべきは、「非法」の二文字である。改めて中国外交部のスポークスマンである劉為民氏の声明を見てみよう。

「日本の尖閣諸島に対するいかなる措置も、すべて非法で無効であり、これらの島々が中国のものであるという事実を覆すことはできない」

『大辞泉』（小学館）によれば、「非法」とは「法にはずれること」である。法にはずれる行為、つまり犯罪である。日本の首都である東京の知事が非法行為を行おうとしており、それを堂々とメディアで発表している。中国側はそう報道した。

これ自体は中国外交部スポークスマンのコメントをそのまま掲載したものであり、決して反日的とはいえない。政治家のコメントを自分の思惟を交えずに報道するのは、メディアの役割のひとつである。

しかし、先述したように中国メディアは中国政府の徹底した管理下にあるため、一般的なメディア論が通用しない。中国政府は、メディアを自由に利用できる仕組みをつくってきた。反体制の言論を許さないのであれば、その時点でメディアとしての「公平さ」は失われている。

逆に、自分たち(政府側)の発表する言論は、そのまま事実として報道させることができる。たとえ、メディアが政府のコメントに懐疑的であったり、不支持であったとしても、そういう言論は掲載されない。言い換えれば、政治家のコメントはそのまま報道させ、そのコメントに対する報道側の姿勢や意見は規制するのである。バランスが保たれていない。つまり、不公平である。

たとえば、ある国で、外務省のスポークスマンがコメントを発したとする。メディアはまず、そのコメント内容を事実として、ありのまま掲載すると同時に、それに対する自社の意見や主張の掲載も可能である。先に引用した例で言えば、こう書くこともできる。

「今回のコメントでは、『非法』という二文字を使い、かなり強硬な姿勢で日本を非難した。ただし、非法というのはあくまで中国の側から見た場合であって、国際法的には必ずしも日本が非法ということにはなるまい。しかし、それを承知で政府はこの二文字を使った。『無効』だけでなく、『非合法的だ』とまで強く非難したのである。ここに、中国政府の『この問題では一歩も譲らないぞ』という強い決意が見て取れる」

ところが、そうはいかないのが中国なのである。政府の言うことに賛成し、追従する内容なら、報道できる。反対意見は報道できない。さらに言えば、政府が「世間に発表しよう」という意思をもって報道した内容については、それを覆すような、もしくはそれに水を差すような言論も許されない。

ニュースを誰に向けて報道するのか。もちろん、世間に向けてである。ニュースは、世論を形成する大きな影響力を秘めている。それゆえ、政府が自分たちの思惑どおりの世論操作を行うためには、メディアを監視し、規制する。その妨げになる場合は、『南方週末』のように、平然と記事の差し替えが行われる。

もうおわかりだと思うが、中国におけるメディア（とりわけニュース報道関連）は中国政府の、というよりも、中国共産党の「機関メディア」に近い性質なのである。

機関メディア（機関紙）とは、ある特定の団体が自分たちの信条に基づいて報道するものである。中国メディア全体を共産党の機関紙と考えれば、「公正・中立」よりも、「中国共産党という特定の団体の信条に基づく報道」が行われていることがわかるだろう。たとえ機関紙だとしても、報道そのものに嘘、偽り、でっち上げがあってはならないから、その意味での「公正・中立」は保たれている。しかし、内容についてはその機関にとって都合のいいものだけが報道される。

反日メディアは存在するか?

中国の公的メディアが中国共産党の機関メディアであることがわかれば、中国メディアの報道に過剰反応する必要はない。「中国のメディアっていうのは、中国政府の機関紙みたいなものだから」という姿勢で接すればいい。大事なのはメディアとの向き合い方である。

日中問題が過熱しているとき、日本のテレビ局は中国の映像を流す。そこには、日本に対してかなり強硬な口調と姿勢でコメントを発する中国官僚の姿などが映し出される。こうした映像が日本人に与えるインパクトは大きい。大きいからこそ、メディアも好んで取り上げる。視聴率がいいのであろう。だが、中国のことを理解している人なら、インパクトは別に大きくない。中国政府の対応はメディアの前とそうでないときでは異なると知っているからだ。

繰り返しになるが、中国の公的メディアは中国共産党の機関メディアである。それは、中国人民に対して世論を形成していくツールである。その機関メディアの前で、あからさまに日本に屈した姿勢や、日本に遠慮する姿を見せられるだろうか。そんなことをしたら、すぐに国内から「政府は弱腰だ」とクレームがくるだろう。そうなったら、世論はどうなるか。

ところが、多くの日本人がこうした背景を知らない。だから、インパクトの強いニュース映像に、思わず「中国っていつも強硬」「中国人って相変わらず強気で、融通がきかなそうだ」と認識してしまう。日本でも中国でも、民衆のメディアへの向き合い方が幼稚であれば、体制側に操作されやすくなる。ニュースを鵜呑みにしてしまうからである。

本章のテーマである「中国には反日メディアが存在しているのかどうか」について、私は以下のように考える。

〈中国メディア（共産党の機関メディア）を鵜呑みにしてしまう中国の人びとが、無意識のうちに、中国メディアを「反日メディア」たらしめている〉

中国政府の管轄下にあるメディアは、日本に対して厳しい報道をするし、先にあげた例のように、自分たちの見解から日本を「非法」呼ばわりしたりする。しかし、それは、日本に対してだけではない。つまり、「反日メディア」そのものは存在しない。

本質が共産党の機関メディアであるから、日本以外でも中国政府と利害が一致しない国があれば、同じように強硬な姿勢をとる。たとえば、南シナ海の領土問題をかかえるフィリピン、国境問題をかかえるインド、そして、常に中国の人権問題を批判するアメリカ。これらの国々に対しても、中国メディアは「反フィリピン的」「反インド的」「反米的」な報道をする。日本だけではないのだ。

言論は自由であるべきだから、どんなメディアがあってもいい。中国共産党の機関メディアがあってもいい。俗な言い方をすれば「御用メディア」は、どこにでも存在する。また、日本にも「反中」メディアや「反韓」メディアは存在する。

ただし、受け取る側が成熟していなければならない。そうでないと、いとも簡単に操作されるからだ。御用メディアの言論を鵜呑みにして、それが世の中の実相だと認識してしまうと、行き着く先は世論操作で、もっと言えば洗脳もされかねないだろう。

戦中の日本は、まさにそうであった。日本国民は、天皇陛下の軍隊がアジアで連戦連勝を続けていると信じ込んでいた。信じ込まされていた。中国でも、人民が聡明にならなければ、単なる「機関メディア」を「反日メディア」たらしめてしまう恐れがある。しかし、メディアの報道を鵜呑みにする体質は、日本でも中国でもなかなか減らない。なぜだろうか。

言語と客観

通常、大半の人びとは母国語で報道されるメディアを選ぶ。日本語が母国語なら日本語のメディア。中国語が母国語なら中国語のメディア。母国語以外のメディアを定期的にチェックしている人は少ないだろう。これは当然なのだが、とても重要である。

この重要性に気がついたのは、私に中国語を読解する能力がついてからだ。留学を経験し、さらに中国で仕事をするようになってから、私は中国語のメディアにも目をとおすようになった。すると、同じ出来事を取り扱っているのに、双方の報道がまったく食い違っているではないか。

これは二カ国語以上の言語が理解できて初めてわかることだ。ふつうは、とりわけ意識せずに選択している母国語によるメディアの報道を見て、国内や海外の出来事を認識するという行為を無意識に行っている。それが一番自然で、効率的だ。母国語しか話せない人が、辞書を使って他言語の報道を翻訳し、それを母国語のものと比較はしない。外国メディアの日本語版を情報源としている人も少ない。

したがって、とくに日本人のようにひとつの言語しか話さない国民は、母国語のメディアしか選択肢がないとも言える。この時点で、情報源に限界がある。

また、多くの人びとがニュース報道について、「客観」という概念をはき違えている。

メディアは客観的にニュースを報じていると、信じている人が多いだろう。それが報道の鵜呑みにつながる。デマ記事ばかりで有名な週刊誌、あるいはスポーツ新聞の類なら鵜呑みにしないだろうが、一般紙やテレビニュースの場合は、客観的に報道されていると信じ込み、そのまま受け入れているのではないか。

だが、どんな出来事を報道するにも、実は絶対的客観などありえない。例をあげて説明しよう。

警官隊とデモ隊が、大通りで向かい合っている。一触即発の状態。極限の緊張感。そして、ついに衝突。

後にこの衝突について調べてみると、双方の証言が食い違っていた。どちらも、こう主張しているのだ。

「相手が先に手を出した」

では、客観的事実はどうか。双方が撮影していたビデオカメラの映像をチェックしてみる。

警官隊側のカメラを見ると、たしかにデモ隊が警官隊側に向かって突っ込んでくる。だが、デモ隊側のカメラでは、警官隊側が突っ込んできているように見える……。

これは、「視点」をどこに置くかによって生じるずれを説明する例えである。どちらの目にも、「向こうから衝突してきた」ように見えるのだ。視点とは、そういうものである。客観には、そういう意味で「どこに視点を置くか」が求められる。

この例では、たとえば大通りに面した屋上から双方を見下ろすようにしてカメラをかまえていれば、どちらが先に手を出したかがわかる。客観性を主張する場合、この見解は成立する。

だが、こと報道に限れば、この見解も成立しない。なぜか。報道には、「視点」のほかに、「選択」が加わるからだ。この選択について、ジャーナリストの本多勝一氏は次のように述べている。

「ルポルタージュする者の目から、たとえば戦場のような対象をみるとき、そこには風景として無限の『いわゆる事実』があります。弾丸のとぶ様子、兵隊の戦う様子、その服装の色、顔の表情、草や木や土の色、匂いなどなど……。ある時間的一瞬におけるひとつの空間、目に見える範囲の世界だけでも、もし克明に事実を描けば何千枚でも書けるでしょう。（中略）即ち、私たちはこの中から選択をどうしてもしなければならない。選択をすれば、もはや客観性は失われます。ランダム抽出をして、兵士の顔と土壌学的事実を並べても無意味です。この選択が、Ｅ＝Ｈ＝カーのいう『歴史的意味という点から見た選択の過程』であって、この場合、『歴史』を『報道』または『ルポ』と置きかえたものといえ

ましょう」（本多勝一『事実とは何か』朝日文庫、一九八四年）

つまり、私たちが日常生活で目にするニュースには、まず「視点」がある。その報道機関がどこに視点を置いているかである。続いて、その視点から切り取られた事実を報道する前に、報道機関が（自社にとっての）「報道的意味」という点から「選択」している。その過程を経て、われわれの目に届くのである。

カメラの位置を警官隊側に置くか、デモ隊側に置くか、あるいはビルの屋上に置くのか、その他に置くのか。まず、その「視点」がある。そして、それぞれの位置から撮影された映像資料のなかから、どの部分を使うか「選択」し、次に選択した映像をどのように紹介するか言葉を選ぶ。そうした過程を経て届けられるニュースには、その時点ですでに「客観」が失われている。

戦前の日本の新聞を見れば、一目瞭然である。どこに「侵略される側」の視点に立った報道があったか。報道があくまで中立と客観を絶対とするならば、もしくは体制の監視を目的のひとつとするならば、「侵略された側」の視点に立って、日本の軍部を批判する記事があって然るべきだろう。だが、そんな記事は一切なかった。

その体質は戦後変わったのだろうか。日本の新聞社は戦前の報道姿勢を反省し、体質改善をしてきたのだろうか。

メディアを精査せずに選択している

このように、すべての報道には視点と選択が加えられている。では、どのメディアを選択するのか。それは、ニュースを見る側、つまりわれわれ一人ひとりの選択となる。どのメディアの報道を見るか。もちろん、それは完全に個人の自由であり、自己責任である。ただし、複数のメディアを詳細に調べ、相互に比較し、最終的に一番信頼できそうなメディアを選択するという作業をする人は、まずいない。ほとんどの場合、著名なメディアか、手軽に入手可能なメディアを選択する。

たとえば新聞であれば、四大紙であったり、地元紙だろう。昔から家で取っていた新聞を選ぶ場合もあるだろう。懸賞品を持ったセールスマンがやってきて、いま契約すればそれをもらえるという理由や、親戚、友人からの頼みで選んだ人もいるだろう。

それでも、新聞の場合は自らお金を支払う分、まだ本人の選択の意思が残されている。無料となれば、手軽さのみがメディア選択の動機となる。それが、テレビとインターネットだ。

テレビについて言えば、もちろん購入代金やＮＨＫへの受信料は必要だ。しかし、番組の視聴自体は有料放送に申し込まないかぎり無料である。しかも、指定の時間にリモコンでチャンネルを合わせればいい。これほど手軽なものはない。あとは、自分の生活リズムに合う時間帯の番組を選択するか、複数のチャンネルの中から、出演者や番組の面白さで決めるのが通常だろう。テレビのニュース番組は、映像を伴うという点において、他のメディアより格段に影響力がある。

インターネットのニュースも、その利便性や影響力から、いまでは欠かせないメディアとなっている。この場合も、パソコンやプロバイダー契約、携帯電話の端末や契約などが必要なのは当然だが、一度つながってしまえば、無料で多くの情報が得られる。その点で実に手軽だ。ただし、新しいメディアだけに、年齢層がテレビとは異なる。中高年のインターネット利用率は若者ほど高くない。中高年は、新聞やテレビ、あるいはラジオや雑誌からの情報収集が多いだろう。

こうして考えてくると、日本人が世界で起こる出来事に対して認識を形成するとき、最大の影響力を発揮するのはテレビのニュース番組だろう。そして、若者の場合はインターネットが加わる。これは中国も同じである。

一方、中国が日本と大きく異なるのは、テレビであれインターネットであれ、対象とする人数が日本より極端に多いことだ。日本の人口は一億二六〇〇万人、中国の人口は一三億五〇〇〇万人である。与える影響力の人数的規模でいえば、中国メディアのほうがはるかに巨大である。だからこそ、中国人民がメディアに対して聡明になってほしいと願わずにはいられない。もっとも、政府にコントロールされているメディアと長年付き合ってきた彼らである。聡明に対処している人のほうが多いと私は感じている。

ともあれ、メディアの選択について、多くの人たちはそれほど精査して選んでいるわけではない。然るべき見極めが行われた結果として、「このメディアなら信じられる」というなら、鵜呑みにしてもいいだろう。だが、そうでないのなら、鵜呑みにすべきではない。

鵜呑みにしない姿勢の大切さ

ジャーナリストの故・筑紫哲也氏は自著でこう述べている。

「マスコミが絶対に公正中立な報道をするということは不可能です。だとすれば、何が本当なのかを見分ける能力が、メディアと付き合う人間にとって必要だ」(『若き友人たちへ——筑紫哲也ラスト・メッセージ』集英社新書、二〇〇九年)

先に述べたように、数あるメディアを一つひとつ精査して選ぶ人はきわめて少ない。そこで重要になるのが、「ニュースを鵜呑みにしない」という基本姿勢だ。

ニュース報道については、あくまで「あるメディアがこう報道している。このテレビ局(もしくは新聞社)は、この視点で、こういう表現で報道している」という程度にとどめておくべきだ。もっと言えば、そう認識したら、次には「他にも別の視点や考え方があって然るべきである」という柔軟な考えを持つべきである。

その出来事についてより深く知りたいと思ったら、自分で掘り下げてみることだ。この姿勢を保つだけで、日中両国民の認識は大きく変わるはずである。それも、いい方向に。

東洋学園大学の朱建栄教授は、あるテレビ番組でこう語っていた。

「旅行などで日本を訪れた九割以上の中国人は、来る前のイメージと来た後のイメージがまったく変わったと言う」（BSフジ『プライムニュース』二〇一三年一月二九日）

まさに「百聞は一見に如かず」。国内のニュース報道を鵜呑みにして形成した日本という国に対する認識が、実際に来てみたらまったく違うものだった、ということだ。しかも、九割以上の人が。

これは、逆についても当てはまる。少なくとも、反日デモが盛んな時期に、日本のニュース報道を見て「中国人は反日で、日本人を恨んでいる」という印象を持った日本人が中国へ来てみれば、それが間違いだったことに気づくであろう。中国人の多くは、いったん知り合ってしまえば、親切で世話好きだ。

もちろん、ニュースを鵜呑みにできないからといって、海外に関する情報について、すべての国を訪れていちいち確認することなど不可能だ。だからこそ、筑紫哲也氏が言う

「何が本当なのかを見分ける能力」を養うことが大切なのである。その出発点が、「鵜呑みにしない」姿勢である。

どちらがより懐疑的か?

アメリカの良心とまで言われたジャーナリストの故ウォルター・クロンカイト氏は、「人びとがテレビの伝えることに対してもっと懐疑的であってほしい」と語った。これはまさに、鵜呑みにしないでほしいということだ。彼はテレビの司会者でもある。この発言の「テレビ」の部分を「ニュース報道」に置き換えても通用する。

メディアは「権力」になりうる。中国のメディアがその典型例だ。体制の監視役としてのメディアではなく、体制に監視されるメディアは、体制権力そのものである。ゆえに、それに対して懐疑的であるべきだ。権力者は常に民衆を自分にとって都合のいい方向へと導いていくからである。

その点では、日本は恵まれている。少なくとも、中国のように、メディアが政府によってがんじがらめに徹底管理されているわけではない。言論の自由度は、明らかに中国より高い。

しかしその一方で、中国人はみな、自国のメディアが政府に管理されていることを百も承知である。だから、完全には信じていない。メディアに懐疑的なのは中国人のほうである。その点では、クロンカイトの要望を満たしている。

ただし、これはあくまで私の感覚だが、こと日本のニュースに関して、中国人はそこまで懐疑的ではないように感じる。いや、日本というよりも、政府と人民が共通の敵を見出したとき、その共通の敵に関する報道について鵜呑みにする傾向がある。

以前、中国で社会問題となった「三鹿《サンルー》粉ミルク事件」(三鹿集団の粉ミルクに毒物のメラミンが混入され、乳幼児に腎臓結石が多発した事件)のときが、そうであった。もちろん違反を犯した企業は悪いが、このときは政府と人民が共通の敵を見つけた格好になった。すると、それに関するニュースを鵜呑みにしたのである。ふだんは「中国のメディアなんか政府に管理されているから、報道が嘘かまことかなんか、わかりゃしないよ」と言っている人までも、だ。

悪質企業の摘発だから、かまわないようにも思える。だが、たとえば日本が共通の敵となったとき、中国政府が外交上で優位に立とうとする方向でメディア操作を行い、それを人民が鵜呑みにすれば、それこそ「機関メディア」が「反日メディア」と化してしまう。だからこそ、どんな場合でも冷静であってほしい。そのうえで、反社会的な企業は糾弾されて然るべきである。

メディアの品格と国民の姿勢

鵜呑みに関しては日本でも同じことが言えるが、タイプがやや違う。日本の場合、反中を煽るような報道は存在するが、決して主流ではない。一方で、中国に関する報道はセンセーショナルなものばかりである。さらに言えば、非常に極端な局部的なニュースや、日本では「ありえない」というようなインパクトの強い内容の報道ばかりである。この「ばかり」がよくない。つまり、偏っているということだ。

テレビ局がそうしたもの「ばかり」報道するのは、そのほうが視聴者の受けがいいからだろう。そして、日本国民もやはり中国のそういった極端な局部的な報道を鵜呑みにする傾向にある。だから、結果的に国民がメディアを「反中メディア」と化してしまっている。日本のテレビは「機関メディア」ではないが、「視聴率至上主義」だ。視聴率は大事である。しかし、それを追求するにも、最低限の「品格」というものがあろう。それを逸脱してまでひたすら視聴率を追い続けたなら、見苦しい姿でしかない。

過去に私自身が見た日本のテレビのニュース番組を紹介しよう。番組が終了する直前、ＣＭに入る前に「このあとは中国に関連するニュースが続きます」とキャスターが言ったので、わざわざチャンネルを変えずに、ＣＭが終わるのを待っていた。

報道されたのは、中国の高速道路でトラックが横転したというニュースである。「はて?」と私は思った。全国ネットの、夜の有名なニュース番組である。なぜ、わざわざ中国の一地方のトラック横転事故を紹介するのか。

事故を紹介するVTRが終わり、カメラがスタジオの女性キャスターを捉えたとき、彼女は驚くべき内容を口にした。

「ちなみに、トラックには大量の魚が積み込まれていたそうですが、横転して道路上に散らばった魚を、近所の住民が持ち去っていったそうです」

そのすぐ直後に、「それでは、今日はこの辺で……」と番組が終了した。

何を報道するかは自由だ。しかし、テレビ局にも格式とか品格というものがあるだろう。放送される時間帯や地域、番組の歴史、スポンサーなど、番組にもブランドがある。そういう意味でも格式の高いニュース番組のはずだった。少なくとも、あの報道を見るまでは。

私は金輪際この番組は見ないと、そのとき心に決めた(もっとも、ふだんは中国で生活しているから、日本のテレビ番組をほとんど見ないのだが)。

中国に反日メディアは存在しない。存在するのは政府の機関メディアである。ただし、受け取る側の民衆がニュース報道を鵜呑みにするとき、それは「反日メディア」と化してしまう。

「視聴率至上主義」メディアの日本と日本国民の関係性においても、同じことが言える。日本に反中メディアは存在するが、主流ではない。ただし、民衆がセンセーショナルな中国関連情報を鵜呑みにするとき、結果的に一般のメディアが「反中メディア」と化してしまう。

日本国民も中国国民も、メディアに対する聡明な姿勢が求められている。

おわりに

「ドラマの撮影現場に同行できるかもしれない」

二〇一三年四月のある日、突然、そんな連絡が私に舞い込んだ。

どんなドラマで、誰が出演していて、いつから、どのテレビ局で放送されるのか。連絡があった時点で肝心な情報は一切知らされなかったのだが、なぜか私は直感的に「これは行ったほうがいい」と思った。そして、許可をもらい、撮影現場に向かったのだ。

まさか、それが抗日戦争ドラマ《四十九日・祭》の撮影だったとは。しかも、舞台は南京大虐殺があった南京である。私は浅からぬ縁を感じながら、撮影現場でできるだけ多くの人に取材して回った。そのときを含めて、本書では紹介し切れなかった証言がたくさん残っている。

本書で取り上げたのは、「反日」という、中国人でも簡単に語れるわけではないテーマである。執筆前、「反日感情について取材させてください」というお願いを無数の中国人にしていかなければならないと考えただけで、テーマを変えるべきではないかと思った。また、取材を進める過程でも、いまからでも遅くない、テーマを変更しようと何度も考えた。それほど、日本人が取り上げるテーマとして扱いが難しく、またあまりに重いからである。

しかし、書き上げてみると、思いがけない収穫があったことに気づく。それは、過去にどれだけの不幸があったとしても、それを乗り越え、日本と手を取り合って未来へ進もうとする数多くの「中国朋友」(中国の友達)との出会いである。

「反日」というテーマにどこまで迫れたのかは、自分でもわからない。だが、少なくとも、日本の主要メディアでは決して報じられることのない、市井の中国人たちの日本に対する考え方や感情をえぐり出し、刻印できたという手応えはある。ぜひ、多くの市井の日本人に読んでいただきたい。

日中関係は日々、変化している。二〇一四年四月二〇日、あるニュースが舞い込んできた。中国の上海海事法院(裁判所)が、日本の株式会社商船三井の大型船舶一隻を浙江省《チョーチャン》の港で差し押さえたというのだ。

商船三井は一九三〇年代の船舶賃借をめぐって中国で行われていた訴訟で敗訴したのだが、損害賠償の支払いに応じてこなかったため、今回の措置がとられた。戦時中の損害に対する賠償請求で、日本企業が中国国内で現有する財産が差し押さえられるのは初めてだという。後日、商船三井は上海の裁判所が決定した二九億円あまりに金利を加えた数十億円を供託金として中国側に支払った。

こうした軋轢は今後も続くであろう。しかし、こうした両国間のネガティブなニュースの奥にある市井の中国人たちの姿を想像してみてほしい。それこそが本書のテーマである。

最後に、取材にご協力いただいた中国朋友のみなさん(本文では仮名とした)、本書を書くきっかけを与えてくれた望月裕美江さん、出版するきっかけを与えてくれた斉藤あゆみさん、私の拙文に寛容な心で対応してくださったコモンズの大江正章社長、そして異国の地での生活を遠くから見守り、支えてくれる家族に感謝いたします。

二〇一四年五月

松本　忠之

◆著者紹介◆

松本忠之（まつもと・ただゆき）
1979年　静岡市生まれ。
2002年　創価大学卒業（在学中に中国武漢大学へ1年間留学）。
2004年　日系電器メーカーに入社。中国駐在員として10年間勤務。
現　在　上海在住。

中国人は「反日」なのか

二〇一四年六月四日　初版発行

著　者　松本忠之

発行者　大江正章
発行所　コモンズ
東京都新宿区下落合一-五-一〇-一〇〇二
TEL〇三（五三八六）六九七二
FAX〇三（五三八六）六九四五
振替　〇〇一一〇-五-四〇〇一二〇
info@commonsonline.co.jp
http://www.commonsonline.co.jp/

印刷・理想社／製本・東京美術紙工

乱丁・落丁はお取り替えいたします。

ISBN 978-4-86187-116-0 C0095

＊好評の既刊書

竹島とナショナリズム
●姜　誠　本体1300円＋税

目覚めたら、戦争。 過去《いま》を忘れないための現在《かこ》
●鈴木耕　本体1600円＋税

写真と絵で見る北朝鮮現代史
●金聖甫／奇光舒／李信澈著　李泳采監訳・解説　韓興鉄訳　本体3200円＋税

ラオス 豊かさと「貧しさ」のあいだ 現場で考えた国際協力とNGOの意義
●新井綾香　本体1700円＋税

ミャンマー・ルネッサンス 経済開放・民主化の光と影
●根本悦子／工藤年博編著　本体1800円＋税

いつかロロサエの森で 東ティモール・ゼロからの出発
●南風島渉　本体2500円＋税

ぼくが歩いた東南アジア 島と海と森と
●村井吉敬　本体3000円＋税

【増補改訂版】日本軍に棄てられた少女たち インドネシアの「慰安婦」悲話
●プラムディヤ・アナンタ・トゥール著／山田道隆訳　本体2800円＋税

脱成長の道 分かち合いの社会を創る
●勝俣誠／マルク・アンベール編著

＊好評の既刊書

徹底検証ニッポンのＯＤＡ
●村井吉敬編著　本体２３００円＋税

ＯＤＡをどう変えればいいのか
●藤林泰・長瀬理恵編著　本体２０００円＋税

アチェの声　戦争・日常・津波
●佐伯奈津子　本体１８００円＋税

軍が支配する国インドネシア　市民の力で変えるために
●Ｓ・ティウォンほか編／福家洋介ほか訳　本体２２００円＋税

開発ＮＧＯとパートナーシップ　南の自立と北の役割
●下澤嶽　本体１９００円＋税

開発援助か社会運動か　現場から問い直すＮＧＯの存在意義
●定松栄一　本体２４００円＋税

ＫＵＲＡ〔クラ〕　貝の首飾りを探して南海をゆく
●市岡康子　本体２４００円＋税

シンガポールの経済発展と日本
●清水洋　本体２８００円＋税

アジアに架ける橋　ミャンマーで活躍するＮＧＯ
●新石正弘　本体１７００円＋税

＊好評の既刊書